基于财政补贴的养老服务市场供给策略研究

郭　倩　王效俐　著

同濟大學出版社
TONGJI UNIVERSITY PRESS

内容简介

本书从服务市场供给侧角度，分析财政补贴对养老服务供给量和供给有效性的影响，通过调整补贴方式和策略，缓解养老服务市场的供需量和供需结构性矛盾。全书综合利用运筹学、最优化理论和博弈论等构建相应的理论模型并进行推理演绎，逐步深入地研究财政补贴机制和养老服务市场供给决策问题，揭示财政补贴策略对不同养老服务机构供给的影响机理，以优化财政补贴策略，实现服务的供需结构性平衡。此外，本书结合实例分析和数值分析对养老服务市场的发展提供了一系列具有启示的结论。

本书既可供高等院校经济管理、社会保障等相关专业的师生阅读，也可供管理养老服务市场的政府工作人员、研究养老服务市场的科研人员参考。

图书在版编目(CIP)数据

基于财政补贴的养老服务市场供给策略研究 / 郭倩，王效俐著. —上海：同济大学出版社，2021.11

ISBN 978-7-5608-9927-5

Ⅰ. ①基… Ⅱ. ①郭… ②王… Ⅲ. ①养老—服务业—研究—中国 Ⅳ. ①F726.99

中国版本图书馆 CIP 数据核字(2021)第 196633 号

基于财政补贴的养老服务市场供给策略研究

郭 倩 王效俐 著

责任编辑 陆克丽霞 **责任校对** 徐春莲 **封面设计** 陈益平

出版发行 同济大学出版社 www.tongjipress.com.cn

(地址：上海市四平路 1239 号 邮编：200092 电话：021-65985622)

经　　销 全国各地新华书店

排版制作 南京文脉图文设计制作有限公司

印　　刷 常熟市华顺印刷有限公司

开　　本 710 mm×1000 mm 1/16

印　　张 9.75

字　　数 195 000

版　　次 2021 年 11 月第 1 版 2021 年 11 月第 1 次印刷

书　　号 ISBN 978-7-5608-9927-5

定　　价 58.00 元

作者简介

郭倩，女，同济大学经济与管理学院管理科学与工程专业博士毕业，现为安徽师范大学经济管理学院物流与供应链管理系讲师，研究方向为养老产业发展和服务供应链管理，主要教学课程有管理研究方法和物流管理，已在核心期刊发表学术论文5篇，参与并完成了国家自然科学基金项目和省部级项目共3项，主持省自然科学基金项目1项。

王效俐，同济大学经济与管理学院教授、博士生导师，同济大学管理科学研究所所长，德国洪堡学者，长期从事社会经济系统工程的教学和科研工作，主要研究方向是服务科学与服务供应链管理、政府绩效评价与管理，在国内外学术期刊上发表论文100多篇，主持参加了国家自然科学基金重点项目和面上项目8项、省部级项目18项，出版了《企业e-learning实战攻略》《运输组织学》《物流运输与配送管理》《鲁棒决策——效用加性方法理论》等著作。

前　言

在当前养老服务供给侧结构性改革的背景下，本书从养老服务供给现状出发，分析了在财政补贴下，养老服务市场所面临的问题：供需量不平衡、供需结构不平衡、供给有效性难以保证以及在未来养老服务市场中出现新的供需失衡。那么，如何在有限的财政补贴条件下，引导社会力量进入养老服务行业，保障市场供给的有效性和社会福利最大化，将成为破解未来养老市场供给难题的突破口。

目前，国内对于养老服务市场供需的研究，虽然已有不少文献，但多为定性研究，有关养老服务市场导向性和政策引导性方面的研究有待进一步深入，鲜有较为系统和科学的养老服务市场供给研究。现今，我国养老服务供需量和供需结构不平衡，价高质低的供给现状不利于我国养老服务市场的发展，甚至会导致养老服务供需进一步失衡。

基于财政补贴下养老服务市场供给所需应对的挑战，本书综合利用运筹学、最优化理论和博弈论等方法构建相应的理论模型并进行推理演绎，循序渐进地研究了养老服务财政补贴机制和养老服务市场供给决策问题，结合实例分析和数值分析取得了一系列具有启示的结论。本书共 7 章，分为非核心部分和核心部分，其中，非核心部分包括第 1 章、第 2 章和第 7 章，核心部分为第 3 章至第 6 章。具体内容如下。

第 1 章和第 2 章概述性地介绍了本书的研究背景、研究意义和研究目标，并从供给侧结构性改革出发，对养老服务供给的相关理论基础进行梳理及述评。

第 3 章是养老服务财政补贴对养老服务供给量的影响分析。基于市场收益最优化理论，应用供给博弈理论，分析具有差异性服务的供给收益函数。按性质划分，养老服务市场供给主体有公办养老机构和民办养老机构两类，其供给的服务具有竞争性和可替代性。考虑到服务成本、建设成本、努力水平和运营成本的限制，引入服务替代因子，构建无补贴时的养老服务市场双寡头模型，演绎推理各供给主体的均衡解。以此为基础，构建基于财政补贴的养老服务市场动态供给模型，运用 Matlab 仿真分析补贴前后养老服务供给量的变化趋势。

第 4 章是养老服务财政补贴对养老服务市场供给质量的影响分析。基于消费者偏好理论，引入服务效用作为外生变量，假设财政补贴对养老服务市场的质量下限，构建基于财政补贴的养老服务质量管理模型，推演模型的均衡解，仿真分析消费者服务偏好变化和财政补贴质量下限变化对养老服务市场供给质量的影响。此外，在供需量平衡的前提下，以实证分析财政补贴质量下限、补贴力度对提升养老服务市场供给有效性的影响，从而为优化和调整财政补贴策略，实现养老服务市场供给质量的有效性提供了启发性结论。

第 5 章是财政补贴对养老服务质量管理的影响分析。基于演化博弈论，引入声誉机制，以服务供给、财政补贴、信息管理为主链，构建养老服务供应链体系。界定政府、市场、公众等关键服务供应链主体的角色和利益诉求，深入研究关键利益相关者之间的共生关系，分析主体间的博弈行为，明晰主体在不同策略下的决策支付收益、财政补贴效用、固定成本、惩罚成本、声誉收益等变量，形成主体支付函数，构建政府、市场、公众三方演化博弈模型。基于复制动态机制，求解演化过程的平衡点，并分析演化策略的稳定性，基于 Matlab 仿真，分析不同情境下政府、市场、公众策略选择的演化路径，探究不同变量对服务供应链演化过程和结果的影响。

第 6 章是对完善养老服务市场中财政补贴策略的分析。结合财政补贴方式和补贴力度，预测供需结构的交互作用可能引致的新供需结构失衡。根据财政补贴对需求侧和供给侧的作用机制，以市场、政府以及老年人为主体的养老服务体系，构建财政补贴—服务选择—社会供给策略模型。在系统考虑老年人服务偏好、服务选择和养老服务成本及定价等因素的情况下，建立了政府、机构和老年人之间的三阶段博弈模型，推理演绎模型结果，并实证分析财政补贴对老年人服务选择、市场服务质量以及服务供给量的影响，基于此为保障养老服务市场供需持续动态平衡提出财政优化策略。

第 7 章是总结与展望。本书的内容呈现出逐层递进、逐步深入的逻辑关系，从养老服务供给侧出发，依次解决了养老服务市场的供需量矛盾、供需结构性矛盾以及如何保持供需结构性动态平衡等问题。本书创新性地界定了养老服务市场补贴的乘数效应，运用财政补贴乘数效应来分析财政补贴对服务市场供给量的作用机理，并前瞻性地考虑在不同的服务层级选择下，政府如何调整财政补贴策略，从而避免市场出现新的供需结构性失衡，使养老服务社会效用最大化。研究内容及研究成果不仅是博弈优化理论在养老服务供给与财政补贴政策研究中的创新性应用，同时也丰富和完善了财政补贴机制在养老服务领域的研究体系，为政府制定并逐步完善养老服务财政补贴机制及推动养老服务市场的发展提供了理论参考依据。

虽然，本书在养老服务市场供给研究方面较为深入地做了一些研究工作，但是，由于养老服务供需的影响因素众多，同时，财政补贴对养老市场供给的影响机理又十分复杂，若要更准确地分析财政补贴对养老市场的实际决策，仍然需要一段很漫长的研究历程，并且需要提出新的研究思路和研究方法来解决现有研究中出现的各种重点和难点问题。

本书由郭倩博士和王效俐教授共同撰写。在撰写过程中，得到了上海海事大学经管学院张默博士和咨询管理专家马利君博士的热情帮助，同济大学经济与管理学院的刘妙慧、马怡玲博士研究生参与了本书的校对工作，同济大学出版社的陆克丽霞女士在出版过程中尽了不少心思，在此对他们一并表示衷心的感谢！同时，感谢同济大学经济与管理学院对本书出版的鼎力资助！恳请广大同仁和实践工作者对本书的疏漏之处给予批评指正。

郭　倩　王效俐
2021 年春 同济园

目　录

第1章
绪　论

本章首先从人口老龄化的社会背景和政策背景等方面对养老服务供需现状进行梳理，由此分析养老服务市场供需矛盾产生的原因。其次，提出需要研究的一系列问题，并制订研究目标和研究框架。最后，对研究内容的创新性进行总结。本章的目标是让读者对老龄化背景以及养老服务供给现状先有一个系统的了解，使读者对本书的内容和研究结构能有更直观的概念和印象，为后面各章展开详细分析做好铺垫和准备。

1.1 研究背景

本节首先从人口老龄化速度、传统养老功能、政府财政对养老保障支出、养老服务市场供给及养老服务政策等方面描述中国社会养老现状，并在已有研究的基础上阐述本研究的意义。

1. *人口老龄化速度加快*

国家统计年鉴数据显示，2018年全国31个省、区、市(不包括香港、澳门、台湾)总人口数为13.95亿人，60岁及以上老年人数为2.50亿人，其中65岁及以上老年人数为1.67亿人，60岁及以上人口占总人口的比例为17.92%，65岁及以上人口的占比为11.94%，如图1.1、图1.2所示。2010年，中国第六次人口普查数据显示，当时中国60岁及以上的老年人口约为1.76亿人，占总人口的比重为13.13%，65岁及以上的老年人口约为1.19亿人，占总人口的比重为8.87%。2000年，全国(不包括香港、澳门、台湾)65岁及以上老年人口为0.88亿人，占总人口的比例为6.96%，60岁及以上人口为1.3亿人，占总人口的比例为10.2%。根据联合国的标准，一个地区60岁及以上老人占总人口的10%，或者65岁及以上老人占总人口的7%，该地区被视为进入老龄化社会。因此，中国在2000年已成为一个老龄化国家，且老龄化人口规模在逐渐扩大[1]。根据民政部统计，2008年中国

65 岁及以上人口增长率为3.01%，到 2017 年该增长率已提升至 5.52%，中国老年人口比例严重超标[2]。此外，从增长率角度分析，60 岁及以上人口比重和 65 岁及以上人口比重的增长率均在不断上升，2010 年增长率高达 5%以上。根据 2017 年全国老龄工作委员会办公室公布的数据，预计到 2030 年，全社会 60 岁及以上人口数约为 3.71 亿人，占总人口的比重约为 25%。

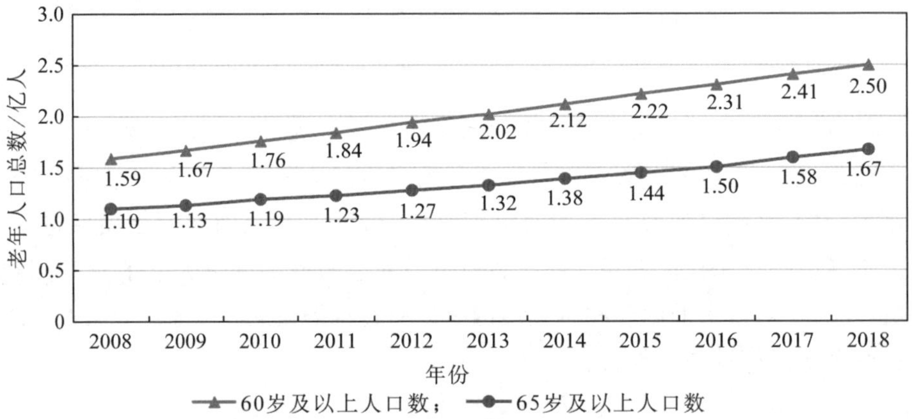

图 1.1　2008—2018 年老年人口总数

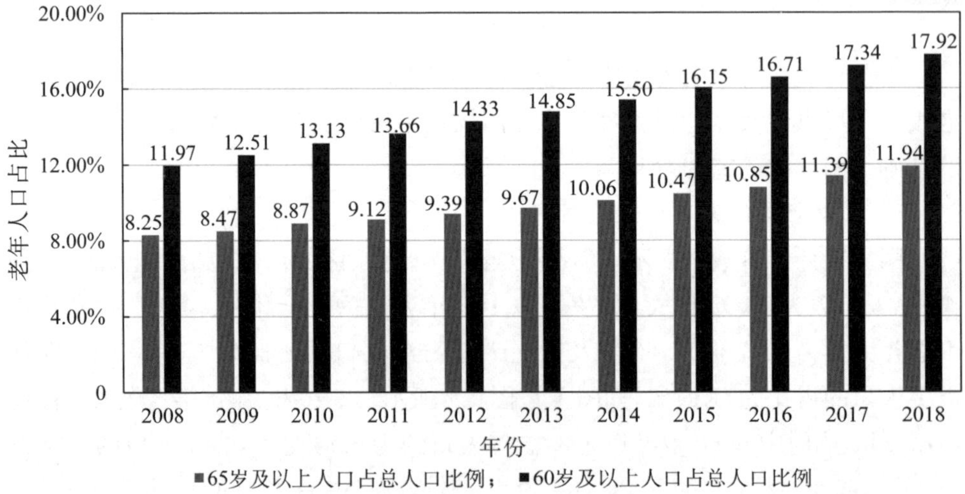

图 1.2　2008—2018 年老年人口占总人口比例

老年人是养老服务资源的需求者，在老年人个体服务需求量不变的情况下，老年人人口数量越多，养老服务总需求就越大。从 2009 年开始，中国 60 岁及以上人口增长率已达 4%以上，2015 年后，中国 65 岁及以上人口的增长率高于 60 岁及以上人口的增长率(图 1.3)。当前中国严峻的老龄化形势所产生的社会问题对经济发展具有双重影响，一方面，老龄化程度的不断加深使得养老服务市场需求规模迅速扩大，养老服务市场化问题逐渐成为社会的焦点问题，养老服务消费需求动力显著[3]；另一方面，中国的老龄化程度不断加深，与之相对应的是社会养老压力不断增大。

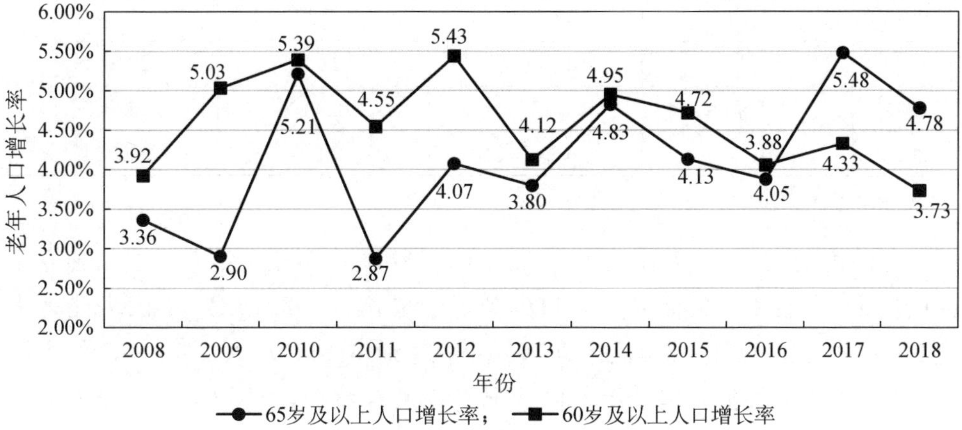

图 1.3　2008—2018 年老年人口增长率

随着老龄化形势加剧，80 岁及以上高龄人口数量也将增加[4]。2000 年，80 岁及以上高龄人口为 1 199 万人。2018 年，中国 80 岁及以上高龄人口达到 2 800 万人，预计 2030 年将达到 4 300 万人，2050 年将达到 1.08 亿人[5]。2050 年，高龄老年人口数量将超过 2000 年高龄人口数量的 9 倍，其增长速度远远高于全社会老龄人口的增长速度[3]。老年抚养比则将于 2023 年左右突破 30%，2036 年左右突破 50%，并于 21 世纪中叶达到 66.2%的水平，未来中国人口抚养比结构将大幅改变，老年抚养比逐渐增加（表 1.1），少儿人口抚养比逐渐降低，这意味着人口老龄化导致劳动力的老年抚养负担显著增加[3]。

表 1.1　2008—2018 年的老年人口数量及抚养比

年份	65 岁及以上老年人口数量/亿人	65 岁及以上老年抚养比	60 岁及以上老年人口数量/亿人	60 岁及以上老年抚养比
2008	1.10	11.35%	1.59	16.47%
2009	1.13	11.61%	1.67	17.14%
2010	1.19	11.91%	1.76	17.62%
2011	1.23	12.24%	1.84	18.33%
2012	1.27	12.62%	1.94	19.26%

（续表）

年份	65岁及以上老年人口数量/亿人	65岁及以上老年抚养比	60岁及以上老年人口数量/亿人	60岁及以上老年抚养比
2013	1.32	13.03%	2.02	19.99%
2014	1.38	13.61%	2.12	20.98%
2015	1.44	14.24%	2.22	21.98%
2016	1.50	14.86%	2.31	22.88%
2017	1.58	15.75%	2.41	23.97%
2018	1.67	16.65%	2.50	24.98%

数据来源：2008—2018年中国统计年鉴。

伴随寿龄的延长，人体的生理机能在逐渐减弱，部分老年人失去了独立生活的能力，失能和半失能老年人口的数量急剧增加。2018年，中国失能老人达到4 000万人以上，预计到2030年将达到6 168万人，2050年将达到9 750万人[6]。根据中国老年人口状况追踪调查数据，中国60岁及以上老年人的失能率在10.48%～13.31%之间[7]。日常生活自理能力是影响老年人养老方式意愿的因素之一，失能老人代表着对养老服务最具刚性需求的群体，中国失能老年人口的增加和寿龄的延长在很大程度上加剧了家庭和社会的养老负担[8]，生活不能自理的老年人中，希望到机构养老的比例为12.9%[9]。

2. 传统家庭养老功能的弱化

在中国传统文化中，亲子关系是指父母对子女抚养和子女对父母赡养的“双向反馈模式”[10]。家庭养老一直是中国城乡老年人养老的主要方式，但是20世纪80年代的计划生育政策所带来的“4-2-1”家庭结构缩小，导致家庭养老资源的缺乏和养老功能的弱化[11]。由于独生子女家庭的养老经济和精力支持水平较低，为了降低子女的养老负担，约有40%的独生子女父母未来有入住养老机构的打算[12]。在此养老形势下，作为家庭养老功能的补充，社会养老在很大程度上弥补和代替了家庭养老功能[13]。老年人的家庭结构、经济状况、子女数目、居住状况、健康自理程度和婚姻状况等个人因素均会影响老年人机构养老模式的选择意愿[14]。另外，随着工业化和现代化进程的加快，非农就业机会、高等教育、便利的交通等因素加速了成年人的外出流动，使得留守家庭的家庭结构发生了变化[15]，《中国流动人口发展报告2018》显示，截至2018年年末，全国流动人口达2.41亿人，超过总人口的1/6，子女数量减少造成代际中心下移，由此产生了留守老人的赡养问题。随着社会的发展，家庭结构趋于小型化与集中化，这将导致家庭养老能力进一步弱化[16]。

第六次人口普查数据显示，2010 年中国家庭户平均每户 3.6 人，比第五次人口普查时的平均每户 3.9 人减少了 0.3 人。从每户人口数来看，2000 年，一人户和二人户的户数占家庭户的比例分别为 8.30%和 17.04%，到 2010 年，一人户和二人户的户数占家庭户的比例分别上升到 14.53%和 24.37%。从每户的代际数来看，二代户和三代户的比例分别由 2000 年的 59.32%和 18.24%减少到 2010 年的 47.83%和 17.31%。但是，一代户占家庭户的比例却由 2000 年的 21.70%上升到 2010 年的 34.18%，以老年人为主的一代户逐渐成为主要的家庭结构，如图 1.4 所示。2016 年，独居及与配偶同住的比例合计高达 58.7%，其中独居的比例为 20.7%，与配偶同住的比例为 38.0%。根据全国老龄工作委员会办公室公布的数据，2018 年，空巢和独居老年人口达到 1.08 亿人，随着老龄化日渐加剧，家庭结构缩小以及家庭代际逐渐减少，独居老人和空巢老人的数量将进一步增加，预计至 2030 年空巢和独居老年人口将达到1.83 亿人，2050 年将达到 2.62 亿人[17]。空巢老人是另一类对养老服务有着刚性需求的群体。以上数据表明，传统的家庭内部代际扶持的养老模式正在逐渐消失，这类老年人的生活质量整体低于非空巢自理老年人。相对于家庭养老模式的服务供给，他们更需要社会养老服务供给[18]。

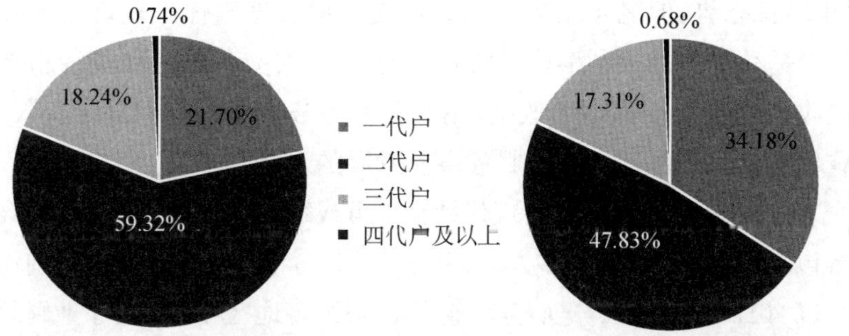

(a) 2000年家庭户规模　　(b) 2010年家庭户规模

图 1.4　2000 年与 2010 年中国家庭户规模比较

人口结构与家庭结构的变化给传统家庭养老模式带来了严峻的挑战，中国传统社会以家庭养老服务保障为主的养老模式将被逐渐摧毁。有学者指出，社会养老服务是家庭养老功能日渐弱化的结果，家庭养老服务的可替代性在很大程度上影响了老年人选择社会养老服务的意愿[13]。

3. 政府对养老服务的财政供给有限

公共财政支出是养老服务体系建设资金的重要来源。当前，中国财政支出中并未详细记录对社会养老服务的支出预算。中国民政部对社会福利事业的经费支出中包含了社会老年服务福利事业支出，而老年事业支出包含在民政管理事业支出中，这两项支出是社会老年服务经费的主要来源，如表 1.2 所列。

表 1.2　2011—2018 年公共财政支出、社会老年服务福利事业支出及老年事业支出

年份	公共财政支出		社会老年服务福利事业支出		老年事业支出	
	支出额/亿元	增长率	支出额/亿元	增长率	支出额/亿元	增长率
2011	109 248	21.56%	45.58	83.26%	16.09	24.61%
2012	125 953	15.29%	81.18	78.10%	20.01	24.36%
2013	140 212	11.32%	107.50	32.42%	26.38	31.83%
2014	151 786	8.17%	151.67	41.09%	28.80	9.17%
2015	175 878	15.87%	192.70	27.05%	33.50	16.32%
2016	187 755	6.75%	261.20	35.55%	37.21	11.07%
2017	204 025	8.67%	348.74	33.51%	47.25	16.23%
2018	225 284	10.42%	456.93	31.02%	58.21	11.47%

数据来源：2011—2018 年中华人民共和国民政部统计数据。

近年来，中国的公共财政支出逐年增长，社会福利支出下的老年服务福利事业支出也呈逐年增长态势，但老年服务福利事业支出增长率整体呈现逐年下降趋势。虽然，政府是社会养老福利事业经济资源的主要供给者，但是在经济新常态下，政府财政收入和预算支出增速放缓，用于公共服务事业的财政支出有限，因此，仅仅依靠政府难以满足社会养老服务事业发展的经济需求。

养老服务属于社会保障，且日益成为现代社会不可或缺的经济社会制度。社会养老服务的内容包含了社会服务的很多方面，但对于具体养老服务相关费用目前没有详细的统计。以 2017 年各地区养老服务事业支出为例，各地区养老服务事业财政支出为 116 亿元，60 岁及以上老年人口人均养老服务事业财政支出为 48 元/人；从各地区养老服务事业财政支出情况来看，江苏、广东、北京的养老服务事业财政支出较大，其中北京的养老服务事业人均财政支出是全国平均支出的 5.1 倍（表 1.3）。

表 1.3　2017 年养老服务事业财政支出情况

地区		养老服务事业财政支出/万元	60 岁及以上老年人口/万人	人均投入水平/(元・人$^{-1}$)
东部	北京	89 031.4	358.20	248.55
	天津	32 117.2	246.06	130.53
	海南	9 101.5	127.57	71.35

(续表)

地区		养老服务事业财政支出/万元	60岁及以上老年人口/万人	人均投入水平/(元·人$^{-1}$)
东部	河北	40 112.6	1 332.00	30.11
	辽宁	38 271.8	998.40	38.33
	上海	33 106.3	483.60	68.46
	江苏	95 163.2	1 623.02	58.63
	浙江	78 131.5	1 080.08	72.34
	福建	26 174.2	537.08	48.73
	山东	53 972.4	2 137.30	25.25
	广东	97 353.6	1 366.71	71.23
中部	山西	88 415.6	582.46	151.80
	吉林	7 103.5	525.28	13.52
	黑龙江	7 308.7	679.82	10.75
	安徽	38 124.3	1 135.90	33.56
	江西	35 087.4	681.05	51.52
	河南	39 464.7	1 573.66	25.08
	湖北	6 818.5	1 107.85	6.15
	湖南	15 023.8	1 245.87	12.06
西部	四川	27 319.4	1 751.00	15.60
	重庆	36 264.5	621.76	58.33
	贵州	8 021.5	573.52	13.99
	云南	38 042.7	566.58	67.14
	西藏	1 102.3	27.86	39.57
	陕西	59 012.6	645.00	91.49
	甘肃	7 812.9	424.58	18.40
	青海	9 302.5	72.00	129.20
	宁夏	5 017.5	89.20	56.25
	新疆	42 017.5	272.58	154.15
	广西	46 237.4	722.98	63.95
	内蒙古	52 143.6	436.00	119.60
全国		1 162 176.6	24 024.97	48.37

数据来源:2017年各地区民政部门统计报告。

虽然公共财政支撑力度增强，但“十三五”期间养老服务的资金缺口一直存在且呈上升的趋势，如表 1.4 所列。2016—2020 年，政府在养老服务方面的资金供给总额为 20 071.6 亿元，平均每年养老服务事业财政支出 4 014.3 亿元，财政支出平均每年增长 10.69%。但由于中国老年人口基数和服务需求量大，政府财政投入相对较小。养老服务财政支出在公共财政支出中的比例也较低，2020 年养老服务体系财政支出占整体财政支出的比例不到 2%。

表 1.4　养老服务体系的财政资金规模及缺口

年份	养老服务资金需求总量/亿元	养老服务资金供给总量/亿元	资金供需缺口/亿元	供给占财政支出比例
2006	4 084.05	607.67	3 476.38	1.50%
2007	5 134.7	763.99	4 370.71	1.53%
2008	6 253.32	930.42	5 322.9	1.49%
2009	7 050.24	1 049.01	6 001.23	1.37%
2010	8 775.87	1 305.77	7 470.1	1.45%
2011	10 739.1	1 597.88	9 141.22	1.46%
2012	12 272.24	1 826.02	10 446.22	1.45%
2013	13 993.16	2 082.05	11 911.11	1.48%
2014	15 822.26	2 354.21	13 468.05	1.55%
2015	17 706.89	2 634.62	15 072.27	1.50%
2016	19 942.02	2 967.19	16 974.83	1.58%
2017	23 543.02	3 502.99	20 040.04	1.72%
2018	27 286.05	4 059.92	23 226.14	1.84%
2019	30 992.26	4 611.37	26 380.89	1.93%
2020	33 134.91	4 930.17	28 204.74	1.93%

数据来源：徐宏，商倩.中国养老服务资金缺口测算及 PPP 破解路径研究。

根据表 1.4 可以看出，养老服务资金供需总量逐年增加，但供需缺口却越来越大。为了缓解社会养老服务经济资源稀缺的严峻形势，中国应深入分析养老服务供需失衡的深层次原因，以解决养老服务经济资源供给不足的问题。供给主体的单一性是养老服务资源不足的一个重要原因，这就迫切需要社会力量和民间资本参与养老服务业，形成多元化供给主体，而多元化供给将给中国养老服务业供给侧结构性改革提供一条有效途径。

中国家庭结构的变化导致家庭养老功能逐渐被弱化甚至被摧毁，经济的中高速发展使得政府对养老服务领域的财政支出有限，经济发展新常态与家庭小型化相叠加，同时，老年人口空巢化和高龄化的加剧导致对于照料、医疗等方面的社会养老服务需求持续增加[19]。虽然政府对养老服务财政支出的规模逐渐扩大，但用于养老服务支出的财政比例却越来越小，故仅仅依靠政府财政支出难以构建完善的养老服务体系。由于传统居家养老模式支撑力的下降和有限的财政支出，政府应多措并举，促进社会资本进入养老服务领域，增加养老服务的社会供给，缓解财政压力[20]。因此，社会资本参与的机构养老在当前养老服务体系中将扮演越来越重要的角色。

4. 社会养老服务市场供给不足，供需结构性矛盾突出

养老服务业是为满足老年人生活照料、精神慰藉和健康护理等需求而提供相应服务的行业。由于养老服务的供给主体不同，养老服务业可以分为两种：一种是养老服务事业，由政府公办养老机构提供服务；另一种是养老服务产业，由市场的民办养老机构提供服务[21]。《2018 年国民经济和社会发展统计公报》数据显示，2018 年全国养老服务机构有 2.98 万个，养老服务床位共 746.4 万张，约占 60 岁及以上老年人口总数的 3%（表 1.5），这与发达国家 5%～7%的水平相差甚远，远远不能满足中国老年人的养老服务需求。另外，公办养老机构属于社会福利性质，服务对象受限，只为经济困难的老年人提供最基本的生存保障，且供不应求；而民办养老机构由于服务收费较高，入住率较低。

表 1.5 2008—2018 年养老机构床位情况

年份	养老机构数/万个	床位数/万张	床位数与 60 岁老年人口比值	养老机构入住人数/万人	床位使用率
2008	3.56	234.5	1.47%	211.52	90.20%
2009	3.66	258.1	1.55%	227.54	88.16%
2010	3.99	314.9	1.79%	247.51	78.60%
2011	4.09	353.2	1.92%	279.73	79.20%
2012	4.43	416.5	2.15%	293.62	70.50%
2013	4.25	493.7	2.44%	307.41	62.27%
2014	3.3	577.8	2.73%	318.47	55.12%
2015	2.8	672.7	3.03%	357.27	53.11%
2016	2.85	730.2	3.16%	402.51	55.12%

（续表）

年份	养老机构数/万个	床位数/万张	床位数与60岁老年人口比值	养老机构入住人数/万人	床位使用率
2017	2.93	744.8	3.09%	426.78	57.30%
2018	2.98	746.4	2.99%	443.37	59.40%

数据来源：2008—2018年国民经济和社会发展统计公报。

根据我国民政部的数据统计，2018年，公办养老机构约有1.64万个，占养老机构总数的55%，相对于民办养老机构，公办养老机构在数量和福利性质方面具有绝对的优势。但是公办养老机构由于服务定位偏差，导致建设和运营中存在设施奢华、选择性收住、“一床难求”等资源短缺问题，公办养老机构的床位数供给远小于养老服务床位需求[22]。而养老服务市场化供给尚处于起步阶段，社会供给力量比较薄弱，有巨大的市场发展空间。按照国外养老市场发展情况来看，养老机构市场应呈橄榄形，即高端市场占比10%，中端市场占比80%，低端市场占比10%。参照这个结构，目前中国养老市场还远未发展，未来的发展方向应是民营养老院等机构占比80%，公办养老机构占比20%，故社会养老机构发展空间巨大。

目前，中国社会养老服务的主要供给主体是政府兴办的公办养老机构和社会力量投资建设的民办养老机构，但是，鉴于中国财政支出有限和养老服务需求基数较大，若把满足社会养老服务需求作为政府提供公共产品的标准将威胁财政的可持续发展能力[23]。中国经济处于中高速增长阶段，社会闲置资本较多，养老产业则是新兴朝阳产业，截至2017年6月，全国养老项目投资总额为1 501亿元，仅占全国总投资额(14.6万亿元)的1.03%。但是，社会养老机构前期建设投资高、运营收益低等特点导致养老机构的投资运营风险较高，尤其是政府支持力度较低及扶持政策“口惠而实不至”，对社会资本投资补贴力度很小，使之在与公办养老机构的市场竞争中处于先天的弱势地位，机构自我发展能力弱，良性运行困难[24]。在目前政府对养老服务财政支出有限和非营利组织发展尚不成熟的情况下，重点鼓励民办养老机构的发展，既能缓解政府财政支出压力，又能解决养老服务供给不足的问题，提高养老服务市场供给效率，是中国养老服务福利事业的必由之路[25]。

5. 养老服务的政策背景

养老服务政策是政府为了推动养老服务业的发展、保障老年人的物质及生活需求，进一步提高老年人生活质量和完善养老服务体系而制定的一系列指导方针[26]。

第一阶段：1982—1999年，中国老龄化问题出现。

1982年，联合国在维也纳首次召开世界老龄大会，作为参与国之一，中国首次谈到老龄化问题。1989年，政府工作报告明确提出“人口老龄化问题”成为中国政府社会工作的重要问题，人口老龄化首次进入国家及社会视野。1994年，《中国老龄工作七年发展纲要(1994—2000年)》出台，首次从制度层面提出如何建立和完善养老服务社会保障体系。1996年，我国颁布《中华人民共和国老年人权益保障法》，意味着老龄事业工作进入法制化。1999年10月，全国老龄工作委员会成立，养老服务事业开始有了制度化的组织机构。此阶段，养老服务的供给主体主要是政府福利性机构，服务对象以生活困难的孤寡老人为主。总的来说，中国社会化养老服务观念还没有形成。

第二阶段：2000—2005年，养老服务“福利性”拓展为“社会化”。

2000年，中共中央、国务院在《关于加强老龄工作的决定》中首次提出，鼓励社会力量兴办老年服务机构，促进社会养老服务在养老服务体系中的补充功能，这里的社会养老专指偏重强调福利性的机构养老。2001年，民政部等部门在《关于加快实现社会福利社会化的意见》中首次提出，促进养老服务社会化，以缓解政府养老服务财政支出压力、弥补养老服务供需缺口、扩大养老服务普惠性等，降低养老服务供给的福利化，鼓励养老服务社会化发展[27]。2005年，民政部发布的《关于支持社会力量兴办社会福利机构的意见》中提出，建设养老服务福利机构，以社会养老服务为主，针对经济困难的孤寡老人的养老服务提供托底性保障。因此，此阶段“社会养老”中机构养老的定位仍旧是补充性的。

第三阶段：2006—2011年，提出社会养老服务概念和养老服务体系。

2006年2月，全国老龄委办公室和发展改革委等部门在《关于加快发展养老服务业的意见》中提出了“养老服务业”概念，养老服务开始从社会福利的范畴转向现代服务行业，意味着机构养老只是社会养老服务中的一种服务形式。2010年10月，国家首次将养老服务市场化发展纳入国家规划的顶层设计中，并制定了养老服务产业的相关规章制度，为养老服务产业的快速发展提供了明确的市场定位和良好的政策环境。2011年，《中华人民共和国国民经济和社会发展第十二个五年规划纲要》提出，建立以机构养老为支撑的养老服务体系，从国家层面上重新定位了机构养老在社会养老体系中的功能作用。从“机构补充”到“机构支撑”的政策规划性改变意味着国家逐渐放开养老服务市场化发展，养老服务机构在弥补家庭养老功能的基础上将发挥中流砥柱的作用。2011年12月，《社会养老服务体系建设规划(2011—2015年)》再次深化养老服务市场化对社会经济发展的作用，将养老服务社会化市场化发展提升到国家全局规划体系的高度。

第四阶段：2012 年至今，养老服务体系全面社会化和产业化。

2012 年 11 月，党的十八大明确提出"积极应对人口老龄化，大力推进老龄服务事业和产业发展"，为养老服务体系发展提供良好的政策环境。2013 年 6 月，民政部出台《养老机构设立许可办法》，促进了社会力量进入养老服务行业，也为养老机构的监管提供了法律依据。2013 年，在《关于加快发展养老服务业的若干意见》和《关于促进健康服务业发展的若干意见》中，政府提出要将财政性资金向支持市场化养老服务发展倾斜，调动社会资本参与养老服务业的积极性，逐步使社会力量成为养老服务市场的供给主体。2015 年，民政部等部门发布《关于鼓励民间资本参与养老服务业发展的实施意见》，积极引导和激励社会资本进入养老服务领域，通过财政补贴和税费优惠对进入养老服务行业的社会资本进行政策扶持，为民办养老机构营造一个良好的政策环境。2016 年 12 月，《关于全面放开养老服务市场提升养老服务质量的若干意见》中提出，要紧紧围绕老年群体多层次的服务需求，通过税费优惠或财政补贴，打造养老产业，增加养老服务有效供给量。2017 年 2 月，《关于加快推进养老服务业放管服改革的通知》提出，养老服务财政政策向民办养老机构的建设与运营倾斜，从资本投入上降低社会资本兴办养老机构的资金风险，提高养老服务的市场化供给规模。2019 年 3 月，《关于推进养老服务发展的意见》提出，要从供给侧逐步优化养老服务市场发展，加大对养老服务市场违规供给行为的监管和惩罚力度，保障养老服务供给的有效性，不断完善养老服务市场机制和养老服务体系建设。

观察近几年出台的养老政策不难发现，政策本身在转型。养老服务政策由政府直接提供"福利型"养老服务事业逐步向鼓励扶持"市场型"社会养老服务发展，将全面放开养老服务市场化发展提升到国家政策层面。2016 年，中国出台的养老服务业中央政策多达 19 项，远超 2015 年及 2017 年的数量，政策设计比较密集，且市场作用日益凸显。这些政策影响了近几年的社会资本动向、产业走向和未来供给侧结构性改革的方向。另外，各省、自治区、直辖市也以国家出台的各项养老产业相关政策的要求为基础，制定了相应的实施文件，从这个角度观察，2017 年是养老政策的集中落地年。

一方面，政府财政支持的公办养老机构应以经济困难的孤寡老人为服务对象，对养老服务进行托底；另一方面，以税费减免、财政补贴等方式积极鼓励和支持社会养老服务机构的发展，增加养老服务的市场化供给，缓解养老服务的社会需求压力和财政支出压力。这应是中国发展养老服务市场比较科学的政策选择[28]。

1.2 研究问题

随着老龄化带来的养老服务需求增加和中国养老服务财政资源的限制，养老服务市场化供给逐渐成为供给主体。但养老机构的高风险投入使得养老机构建设成本和运营成本较高、投资回收慢等问题日益严重，并严重制约着养老服务市场的发展。因此，政府可以制定相应的财政补贴激励政策，在有限的财政补贴资源下，使财政补贴政策向社会办养老机构倾斜，充分调动社会资本参与养老服务的积极性，全面放开养老服务市场的供给侧。政府作为养老事业财政补贴政策的制定者和执行者，在降低养老机构成本风险、提高社会福利等方面扮演着重要角色。政府制定的财政补贴机制将对市场化养老服务的各方利益产生较大影响。在厘清了养老服务的供给现状后，如何在有限的财政补贴下，引导社会力量进入养老服务行业，保障市场供给的有效性和社会福利最大化，将成为破解未来养老难题的突破口。

出于以上考虑，本书主要研究以下四个问题：①在财政补贴支出有限的情况下，对于公办养老机构的购买服务和对于民办养老机构的财政补贴，政府财政将更多地倾向于“谁”，才能更大限度地提升养老服务供给量，使得财政补贴的服务供给效应最大化？②在财政补贴能够提升养老服务供给量的基础上，政府如何制定财政补贴质量下限，在提高养老服务质量的同时，匹配服务需求，增加服务供给的有效性？③由于养老机构的逐利性，政府如何对养老服务市场进行监管，才能避免养老服务市场供给有效性的降低，从而保障养老服务市场健康发展？④财政补贴能够促进处于起步阶段的养老服务市场健康发展，但对趋于完善的养老服务市场，可能会存在负激励效应。从长远来看，在完善的服务市场中，政府如何调整补贴策略，才能避免服务市场出现新的供需失衡问题，使养老服务财政补贴的社会效用最大化？

本书的主要研究目标是在当前不完善的养老服务市场中，以养老服务供需矛盾日益严重和财政补贴政策为背景，探讨政府财政补贴机制对中国养老服务市场供给量的影响，并在财政补贴和老年消费者服务偏好前提下，分析政府如何制定有效的补贴机制来缓解养老服务供需矛盾，同时养老机构如何确定服务质量和服务价格以保证自身收益最大化。再者，进一步前瞻性地分析，未来完善的养老服务市场中，在养老服务供需出现新的矛盾时，政府如何调整财政补贴策略以使养老服务的社会效用最大化。本书通过数学模型对上述问题进行理论构建，刻画了相关因素对财政补贴和服务供给决策的影响，为政府制定补贴机制、养老机构选择供给策略和老年人服务层级选择提供了理论参考。

1.3 研究方法

1. 文献综述法

在梳理大量国内外文献的基础上，确定选题和所要研究的内容，对所研究问题的理论背景和现实意义进行分析，找出本课题研究的切入点。对国内外有关养老服务理论、财政补贴理论、消费偏好理论及信息不对称的市场监管策略等相关文献进行综述和评价，为研究工作提供理论依据和学术参考。

2. 理论分析法

根据所要研究的问题，构建理论模型，通过对模型的推理演绎和数值仿真，得出理论化的研究结论。将老年人服务偏好、财政补贴质量下限分别引入财政补贴与养老服务供给的研究中，建立考虑财政补贴的养老服务供给决策模型、考虑补贴质量下限的养老服务市场供给模型和考虑服务层级选择的养老服务财政补贴策略模型。同时，将公众参与和声誉机制等引入政府对养老服务质量监管的理论模型中，对财政补贴机制和服务供给决策进行理论优化分析。

3. 数值实验法

本书在建模过程中考虑了服务偏好和服务选择等多种影响因素的随机性，并将这些因素引入理论模型，通过对相关参数及因素设置数值来对理论模型的结果进行分析，进一步探讨相关因素变化对研究结论的影响趋势和影响程度。

4. 实例分析法

在本书第 4 章中，引入服务偏好和财政补贴质量下限等因素，构建了政府补贴和养老服务机构的供给博弈模型。为了增强理论模型结果的实际应用性，用实例分析法对理论模型进行演绎，为完善中国养老服务财政补贴机制提供重要的理论和实践参考。

本书的研究框架如图 1.5 所示。

本书遵循系统分析的研究思路，综合运用管理学、演化博弈论、系统仿真等理论方法展开研究。首先，采用系统化文献综述对现有文献进行深入分析，建立理论架构；其次，运用博弈理论构建基于财政补贴的养老服务供给理论模型，推理演绎并分析财政补贴对养老服务市场供给的作用机理；再次，运用数值仿真对不同补贴方式作用机理的差异性进行分析，并进一步通过实证分析论证理论模型和研究框架的合理性；最后，根据仿真分析和实证分析结果，优化调整财政补贴策略，实现养老服务市场供需的持续动态平衡。

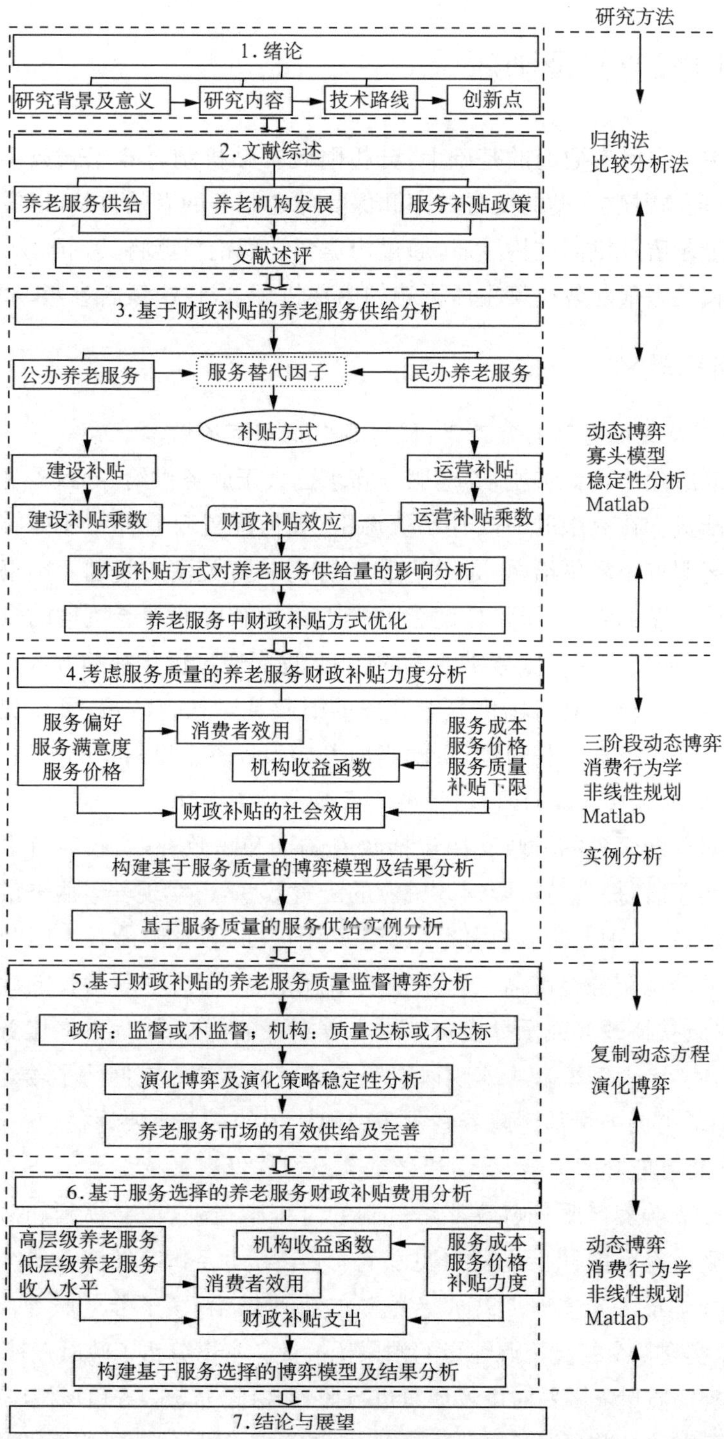
研究方法
1. 绪论
研究背景及意义
研究内容
技术路线
创新点
2. 文献综述
养老服务供给
养老机构发展
服务补贴政策
文献述评
归纳法
比较分析法
3. 基于财政补贴的养老服务供给分析
公办养老服务
服务替代因子
民办养老服务
补贴方式
建设补贴
运营补贴
建设补贴乘数
财政补贴效应
运营补贴乘数
财政补贴方式对养老服务供给量的影响分析
养老服务中财政补贴方式优化
动态博弈
寡头模型
稳定性分析
Matlab
4.考虑服务质量的养老服务财政补贴力度分析
服务偏好
服务满意度
服务价格
消费者效用
机构收益函数
服务成本
服务价格
服务质量
补贴下限
财政补贴的社会效用
构建基于服务质量的博弈模型及结果分析
基于服务质量的服务供给实例分析
三阶段动态博弈
消费行为学
非线性规划
Matlab
实例分析
5.基于财政补贴的养老服务质量监督博弈分析
政府：监督或不监督；机构：质量达标或不达标
演化博弈及演化策略稳定性分析
养老服务市场的有效供给及完善
复制动态方程
演化博弈
6. 基于服务选择的养老服务财政补贴费用分析
高层级养老服务
低层级养老服务
收入水平
机构收益函数
服务成本
服务价格
补贴力度
消费者效用
财政补贴支出
构建基于服务选择的博弈模型及结果分析
动态博弈
消费行为学
非线性规划
Matlab
7. 结论与展望

图 1.5 研究框架

1.4 研究意义及创新

本书主要在已有研究的基础上，分析财政补贴机制对养老服务市场供给决策的影响，提高财政补贴的配置效率和保障养老服务的有效供给，以缓解养老服务的供需量矛盾及供需结构矛盾，通过构建数学理论模型将其刻画出来，从而进一步分析相关因素对各决策主体影响的内在机理，以供决策者参考。

1.4.1 研究意义

1. 在财政补贴有限的条件下，缓解养老服务市场供需矛盾

随着老龄化的日益加剧，养老服务需求远大于服务供给，导致养老服务供需矛盾更加凸显。在有限的财政补贴资源下，如何配置政府补贴才能够最大限度地提高养老服务市场供给量，是政府和学者们一直关注的问题。本书通过对养老服务财政补贴的效应分析，构建公办养老机构和民办养老机构的供给博弈模型，分析不同补贴方式对服务供给量的影响，进而通过优化补贴方式提高养老服务市场供给量。政府对市场化养老服务的财政补贴扶持政策，可以提高社会资本进入养老服务行业的积极性，缓解当前养老服务资金供需量的矛盾。

2. 降低对财政资源的依靠，缓解养老服务财政压力

政府对养老服务的财政支持包括政府购买和财政补贴，政府有责任缓解养老服务供需矛盾，提高对有限财政资源的配置效率，以实现养老服务的社会福利最大化。但是，中国老龄人口基数大，老龄化程度高，有限的政府财政支出难以满足巨大的养老服务经济需求。从现实情况来看，面对不断增长的政府支出压力，通过财政扶持政策鼓励社会资本进入养老服务行业，加速养老服务市场化发展是政府在养老保障事业中实现职能转变的一种方式。在厘清了养老服务供给现状后，调动市场力量是缓解养老服务财政压力的一条重要途径。

3. 有效利用财政补贴，提高养老服务财政资源配置效率

在逐步完善养老服务财政补贴机制的过程中，要以社会福利和效率最大化为目标。财政补贴的社会福利主要是老有所养，社会和谐发展。研究如何配置财政补贴才能最大限度地提升养老服务的有效供给，缓解养老服务市场的供需结构矛盾，实现整个社会资源配置的帕累托最优。本书分析了政府在补贴时，如何制定财政补贴质量下限并对市场质量进行监管，保障养老服务市场健康发展，以促进养老服务财政补贴真正发挥保障生活、促进消费、激励投资等方面的福利效用。

4. 前瞻性地分析了在完善养老服务市场条件下，政府财政补贴的调整策略

目前，养老服务市场处于起步阶段，市场发展的潜力巨大，政府提高对民办养老机构的财政补贴倾斜程度，增加补贴力度，补贴政策将对养老服务市场发展具有较大的正激励作用。从长远来看，随着财政补贴政策对养老服务发展的支持和推动作用，服务市场的供需结构性矛盾将得到解决。但是，政府财政是对不成熟市场的引导和干预政策，持续的财政补贴对完善的市场会产生负政策效应，引致新的供需失衡。本书首先是在不完善的养老服务市场中，分析如何提高财政补贴效率，解决社会养老服务供需量失衡的问题。进一步地，本书前瞻性地分析了在未来完善的养老服务市场中，政府如何调整财政补贴策略，避免或解决新的养老服务供需结构失衡，实现养老服务的社会效用最大化。

5. 为政府构建财政补贴机制及决策提供理论支持和参考

本书拟应用非对称信息供给博弈、数量经济学及多元统计分析等方法，从理论上分析财政补贴对养老服务市场的发展、完善及成熟过程的作用与影响。首先，考虑政府财政补贴条件下，构建民办与公办养老服务的供给动态博弈模型，分析不同补贴方式和补贴力度对养老服务均衡供给量的影响程度，以此制定补贴政策，优化补贴方式，为提升财政补贴配置效率和增加养老服务供给量提供了理论依据。其次，在增加服务供给量的基础上，构建基于财政补贴质量下限的民办养老机构与政府的博弈模型，并进一步分析相关因素变化对养老机构供给决策和财政补贴机制所带来的影响，提高市场供给的有效性；考虑财政补贴下，为保证养老服务供给的持续有效性，构建政府对养老机构的质量监管理论模型，分析不同监管措施对养老机构供给决策行为和供给质量的影响。最后，进行前瞻性分析，即在完善的养老服务市场中，政府如何调整补贴政策才能避免出现新的供需结构失衡问题，从而使得养老服务的社会福利最大化。本书为政府构建养老服务财政补贴机制及养老机构供给决策提供理论支持和参考。

1.4.2 研究创新

现有的关于中国养老机构财政补贴的研究主要以定性为主，定量研究比较少见，并且在现有的财政补贴定量研究中很少考虑到老年人服务偏好、服务质量以及服务层级选择对财政补贴的影响。本书从理论角度梳理了养老服务财政补贴的影响因素，并构建了养老服务补贴和服务供给的理论模型。与已有研究成果相比，本书的创新之处主要体现在以下三个方面。

(1) 本书构建了基于财政补贴的养老服务供给模型。现有文献对养老财政

支出的研究主要以社会保障支出、养老保险支出为主，但对市场化的养老服务机构的财政补贴研究较少，而且在少量的研究中，主要以定性分析、政策建议为主，并没有针对养老机构的属性和各种补贴方式来对养老服务财政补贴效果进行分析。相比而言，本书分析了养老机构的财政补贴方式，通过引入财政补贴乘数，研究不同补贴方式对公办养老机构和民办养老机构的服务供给量及市场总供给量的影响。进一步研究财政补贴对不同类型养老机构的影响机理和作用路径，从而丰富了财政补贴定量研究的理论体系，为提高财政补贴效率提供了理论参考。

(2) 本书研究了多因素下财政补贴机制和民办养老服务机构的供给决策。在已有研究中，多数从政府和养老机构的角度对财政补贴和服务供给进行分析，但并未从老年消费者的角度考虑服务偏好和服务选择对财政补贴机制和养老机构供给决策的影响。本书在考虑服务偏好、补贴质量下限和服务效用的基础上，构建政府和养老机构的三阶段博弈模型，并采用实例分析各影响因素的变化对于各博弈方供给决策的影响趋势，为完善中国养老服务财政补贴机制提供重要的理论和实践参考。

(3) 本书前瞻性地研究了完善的养老服务市场中的财政补贴策略。随着养老服务财政补贴政策的优化及实施，更多的社会资本将进入养老服务行业，使养老服务市场得以不断完善，最终服务供需结构达到平衡。但由于生活质量提高、消费升级和政府财政补贴的负效应，老年人服务偏好提高，养老服务市场可能会出现新的供需结构性失衡。因此，本书在考虑服务层级选择的前提下，分析政府如何调整财政补贴策略，从而避免养老服务市场供需出现新的结构性失衡，并使养老服务社会效用最大化，为未来财政补贴政策的完善和养老服务市场的发展提供决策依据。

第 2 章

相关理论及研究综述

本章对供给侧结构性改革理论、投资动机决定理论、消费需求理论、福利效应理论等进行梳理，对养老服务相关概念、养老服务供给现状、财政补贴现状和养老服务市场质量监管等已有研究进行阐述，在对现有文献系统梳理和分析的基础上，对相关研究进行述评。

2.1 相关理论基础

在已有的理论研究中，与养老服务相关的理论文献较多，本书主要针对与养老服务密切相关的供给侧结构性改革、投资动机、消费需求和福利效应等理论进行梳理。

2.1.1 供给侧结构性改革理论

供给理论源自古典经济学，代表人物是亚当·斯密，他在《国富论》中指出，分工不但提高了劳动者的生产率和企业产出，而且进一步在宏观经济层面上促进一国产业发展和效率提高[29]。《国富论》从供给的角度来分析经济增长，系统地提出了供给经济学理论。该供给理论的核心是阐述了分工、资本积累、劳动生产率、城市化、体制变革等决定总供给能力的因素及它们之间的关系。在“凯恩斯革命”以前，西方主流经济学在供给和需求谁占首位的问题上，侧重于分析供给理论的作用。古典供给学派的代表人物之一让·巴蒂斯特·萨伊认为，供给自动创造需求，生产不会有一般意义上的供给过剩，直到 1929—1933 年西方国家出现了生产过剩危机，才对萨伊定律提出了质疑。在凯恩斯的增加需求理论解决了西方经济危机之后，其主张在西方国家快速推行[30]。然而，在 1963 年，西方国家经济出现的“滞胀”使得供给学派对凯恩斯的有效不足理论进行了批判。在这种背景下，以阿瑟·拉弗为代表的供给学派重拾供给理论，注重供给对经济增长的作用，强调集中力量提高生产率，以扩大供给能力[31]。

以古典学派的供给理论为依据，供给侧结构性改革理论主要研究如何通过供给体制改革及供给结构调整来提高供给水平，以保障供给在规模和结构上与需求相适应[32]。因此，研究供给侧结构性改革仍然离不开分工、资本积累等决定总供给能力的因素。有学者认为，供给侧结构性改革的理论基础是以萨伊为代表的古典供给学派[33]。实际上，马克思在《资本论》中深刻论述了供给的决定因素、供给与需求的地位及作用关系等一系列结构性问题。从马克思的观点来看，虽然供给在供需关系中占首位，但是供给和需求是相互依存、相互影响的。更为重要的是，相比于古典经济学的相关分析，马克思把供给和供给结构的决定作用提升到生产关系或制度层面来深入分析：《资本论》第二卷所论述的社会总资本再生产的比例关系，实际上就是今天所说的市场经济总供给结构的基本比例关系；《资本论》第三卷进一步论述了总供给必须与总需求结构相匹配适应，只有满足社会需求结构，才能形成有效供给。相较于西方经济学侧重供求一般均衡分析，马克思更重视结构关系分析，揭示总供给和总需求规模平衡的必要条件及市场经济下资源配置机制的内在矛盾。因此，在中国市场经济条件下，供给侧结构性改革是在马克思的供给理论的指导下进行的。

2.1.2 中国养老服务供给侧结构性改革理论

中国供给侧结构性改革理论的重点是改革：通过对当前市场经济供给现状和供需失衡原因的系统分析，研究如何通过供给侧结构性改革来缓解经济供给量不足和供需结构性失衡的矛盾[34]。当前，中国经济面临两大主要问题：结构性产能过剩的供给侧问题和有效需求不足的需求侧问题。因此，中国供给侧结构性改革侧重解决结构性问题[35-37]。由于当前中国市场经济正处于“五个转换”的过渡中[38]，导致市场经济发展动力不足和需求减弱。当前供给侧结构性改革的最终目标是增加供给结构对需求结构的适应灵敏度与匹配效率，短期目标是应对经济下行与结构转变双重调整的挑战[39-41]。中国经济供给侧结构性改革不是源自某一现成的经济学理论，同时，西方的政策手段也并不适合中国现阶段经济发展中存在的主要问题症结[42, 43]。因此，既需要借鉴古典经济学理论，也需要马克思经济学供给理论指导，马克思对供给侧的结构性分析对中国当前的供给侧结构性改革有可借鉴的参考价值[44, 45]。

2015 年 11 月，习近平总书记于中央财经领导小组第十一次会议上首次提出，中国要着力加强“供给侧结构性改革”，提高供给体系质量和效率。同年

11 月，国家再次提出要推进市场经济结构性改革，提高供给与需求的适应程度，进一步解决深层次的经济问题。在适应与引领经济发展新常态的要求下，供给侧结构性改革是中国对经济发展做出的重大理论创新[46]。

有学者已经关注到供给侧结构性改革下养老服务存在的供需失衡问题，养老服务供给量难以满足日益增长的需求，而且养老服务供给侧和需求侧结构性失衡，从而制约了养老产业的可持续发展[47]，包括养老服务需求多元化与供给单一化、服务供给内容和需求内容错位、养老服务产业化发展不足等问题[48]。从目前来看，养老服务所面临的主要问题是服务供给不能满足不断增长的、多样化和个性化的需求[49]。为了适应养老服务供给侧结构性改革，中国将大力推动养老服务事业和养老服务产业化发展，提高养老服务市场供给的有效性。

2016 年 12 月，《关于全面放开养老服务市场提升养老服务质量的若干意见》提出，推动养老服务供给侧结构性改革，满足养老服务的有效需求，使养老服务业成为促进经济社会发展的新动能。在新常态下，应该坚持以供给侧结构性改革为理论基础，切实采取措施来提升养老服务供给总量，尽快解决部分闲置率较高的养老机构床位，重点改善服务供给的薄弱环节[50]。以满足养老服务市场需求为目标，开展养老服务供给侧结构性改革，精准匹配养老服务需求[51]。同时，从需求侧和供给侧来完善养老服务产业，构建更加丰富完善、结构优化、服务高效的养老服务体系，从理论上研究探讨可行的战略路径，有效缓解养老服务供需失衡，为中国养老服务产业发展提供前瞻性的指导方向[52，53]。

2.1.3　投资动机决定理论

凯恩斯学派在国民收入理论中分析了社会资本在短期市场的投资行为，认为理性资本的投资目的是使其获得的利润最大化。保罗・萨缪尔森分析了理性资本投资行为的影响因素，认为资本投入的边际产出、预期收益的资本投入量和未来经济收益的主观预判对投资动机有较大影响，这一观点与凯恩斯的投资决策理论分析基本一致。N. 格雷戈里・曼昆对凯恩斯的观点做了进一步延伸，分析出在长期市场中，社会资本仍是以投资利润最大化为投资目标和投资动机。只有在理性资本的边际收益高于边际投资成本时，投资行为才会产生。

不同投资动机促进产业升级的机理不同，Rohit Aggarwal 提出技术创新产业升级理论，企业对新型产业投资可以促使企业技术能力稳步提高[54]，将更多资源投向资本密集型的领域，用资本密集型新技术设备代替资本粗放型旧技术设备，提高技术生产率[55]。理性资本投资动机受投资风险和预期收益影响，理性投资一般很难达到运营和收益期望，需要政府进行资本扩充[56]，政府可以通过税费优惠措施来增加企业收益[57]，这与中国供给侧结构性改革的理论是高度一致的。

政府通过财政补贴和税费优惠措施引导社会资本进入养老服务产业，促进养老服务市场发展，增加养老服务市场供给。实际上，社会资本进入养老服务领域就是一种投资需求行为，虽然养老服务属于准公共产品，但理性资本的投资动机使得以社会资本注入的养老服务机构仍是以收益为目标[58]，企业只有预计到资本能够带来利润才会购买资本品。当前，中国养老机构建设前期投入资金过多、承担风险过高，导致社会资本进入养老服务业的投资动机较弱，社会资本参与过少[59]。政府应完善投资风险分担机制，为进入养老服务业的社会资本设置退出机制和产权处置与利益补偿机制[60]。

2.1.4 消费需求升级理论

亚伯拉罕・马斯洛提出的需求层次理论为老年人服务需求层次的演变提供了理论分析依据。每个个体从最基本的生理需求，通过每一层级的实质性满足，不断实现由低层级需求（生理、安全需求）到高层级需求（社交、自尊和自我实现需求）的结构性演变（图 2.1），对人的行为起到支配作用，激励人们追求不同的目标。因此，马斯洛需求层次升级解释了老年人消费由低层级服务向高层级服务演变的规律。

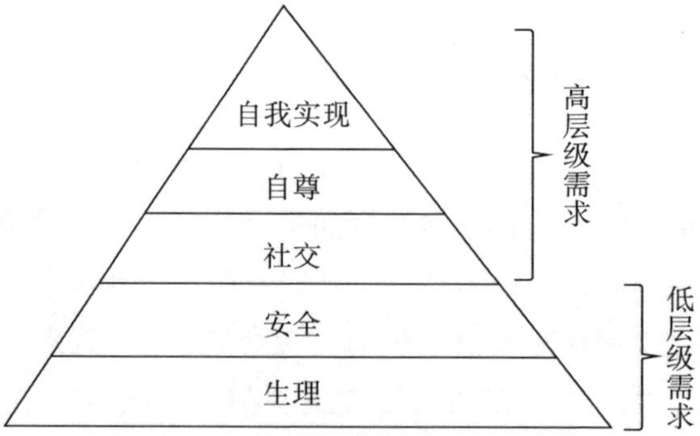

图 2.1　马斯洛需求层次理论

马斯洛需求层次理论虽不是用来解释消费者需求演变规律的，却揭示了居民消费由低层级向高层级升级的必然性。穆光宗将该理论用于解释老年人的需求变化，老年人有生存、安全、精神、尊严和价值五个层次的需求，并由物质、家庭需求到精神、社会价值需求逐层升级[61]。生存需求是老年人最基本的生存权的一种体现,国家必须保障老年人的基本生活需求得到满足[62]。2011 年,《社会养老服务体系建设规划(2011—2015)》首次将社会养老服务提升到国家经济社会发展全局的高度,体现了政府对老年人群体服务需求权利的尊重和保障老年人人权的坚定决心[63]。满足老年人日益增长的多元化个性需求,不仅要实现其经济物质需求,更要使老年人在社会事务活动中能够发挥个人所长,实现个人对于社会的价值,这是积极应对人口老龄化的必然选择。

2.1.5　福利效应理论

1776 年,亚当·斯密在《国富论》中阐述了市场这只“看不见的手”是如何促进社会利益增加,进而提升整体社会福利水平的[64]。福利效应(wealth effect)是指社会经济活动对社会福利的影响,有可能是增加社会福利,也有可能是降低社会福利[65]。1890 年,马歇尔在《经济学原理》中提出了福利理论,并以此解释收入分配可以改善整体社会福利[66]。英国经济学家霍布森以此理论提出国家可以实施全社会福利政策,促进社会福利事业发展[67]。在马歇尔理论的基础上,庇古在《福利经济学》中指出,福利包括来自自身财富满足感的广义社会福利(自由、精神愉快、正义等)和用货币计量的狭义经济福利,即经济学所研究的福利[68]。效应构成了经济福利,社会所追求的最大满足就相当于最大限度的效应。帕累托认为社会福利的核心主要是经济效率而非公平,各种社会福利又与相关原则有关,如次优原则、补偿原则等,这就是帕累托最优的核心[69]。

中文的“福利”是指对民众生活上的照顾,如食、宿、医疗等方面的福利事业。养老服务属于社会保障,是政府财政支出的重要项目之一,具有社会福利性特点[70]。国家财政补贴政策是为了提升整体社会福利和弥补市场失灵而实施的无偿性财政转移支出政策[71]。养老服务财政补贴的政策效应就是财政补贴政策所增进的社会福利,养老服务财政补贴可以促进人们的生活消费、激励社会资本投资消费,具有一定的帕累托改进效应[72]。

2.2　养老服务相关概念

西方学者认为老年人除了有经济物质(money)、医疗保健(medicare)和精神满足(mental)方面的需求之外,还有养老服务(service)需求[73]。2006 年,《关于加快发展养老服务业的意见》提出了“养老服务”概念,官方的英文翻译是“elderly care service”[74]。养老服务是指为老年人提供服务形态的动态产品的总和，以满足因年龄增长或生理机能衰退等引起的生活照料、精神慰藉、紧急救助和临终关怀等需求[75]。养老服务只针对老年人群体，并不包括面向全体公民的一般性公共服务[76]。

2.2.1 老年社会保障

随着工业化进程的发展，家庭养老功能的弱化导致养老保障由依靠家庭养老模式演变为社会养老模式，社会化和产业化养老支撑模式是社会化大生产的必然趋势[77]。在继德国于18世纪90年代建立国际上首个社会养老保障制度后，目前全球已有170个国家建立了养老保险制度[78]。老年社会保障是国家针对老年人实施的社会福利措施，避免老年人因年老或者无劳动收入而无力满足自己在物质、精神等方面的服务需求[79]，进而保障老年人的社会福利。

养老保障制度可以从三个方面应对老龄化危机及消除老年贫困：消费平滑、保险和消除贫困。其中，消除贫困是政府公共政策的基本目标。世界银行在1994年就提出了著名的三支柱模式来应对老龄化危机并避免老年贫困。日本学者有森美木对发达国家的养老保障政策进行了比较研究，认为养老金和社会救助是发达国家的首选政策[80]。目前，中国养老保障处于初期阶段，保障内容存在缺陷和“碎片化”，相关制度的系统性和公平性都有待提高[81]。政府应构建多层次的社会养老保障体系，引导社会养老保障由“碎片化”向“系统化”发展，推行居民全覆盖的养老保障，以应对老龄化危机，避免老年贫困[82, 83]。另外，政府应建立多层次的社会救助体系为老年贫困人口提供基本生活保障，为社会稳速发展提供动力环境[84]。要公平公正地实施养老保障制度，离不开对国家强制力的依靠。建立养老保障制度可以有效应对因年老所带来的养老风险[85]。社会养老保障是事关民生的社会福利制度，市场化的养老支持模式是养老保障社会化发展的重要内容[86]。

2.2.2 养老服务事业

养老服务根据提供主体的不同可以分为两种：一种是养老服务事业，由政府公办养老机构提供服务；另一种是养老服务产业，由社会资本进入养老服务领域提供服务[21]。2012年11月，国家提出要积极面对老龄化的社会问题，促进养老服务事业和养老服务产业的发展。养老服务事业和养老服务产业具有不同的性质和概念。养老服务事业是政府兜底的福利性工作，由于中低收入的失能老年人无力支付养老服务费用，就需要政府制订相应的措施来满足其养老的基本需求。养老服务产业则是在市场机制作用下，为满足养老服务市场需求而提供的市场产业化养老服务，由于服务具有一定的社会福利性，因此政府的政策扶持及干预措施可以推动养老服务产业化发展[87]。国家和社会高度重视养老服务事业和养老服务产业的发展，由于养老服务业不是简单地由政府提供保障的事业性社会福利问题，因此不能只由国家财政和国民经济负担，而更多的应以市场产业化方式来发展养老服务业，从而满足养老服务市场内需，推动养老服务业成为新的国民经济增长极[88]。

国际上，养老服务事业指政府为保障老年人的基本生活所提供的各类服务和制度的总称，属于公共物品的范畴[89]。中国养老服务体系发展得较晚，其服务模式是以政府为主导。养老服务事业是由政府"兜底"，直接或者通过政府购买服务来满足城乡低收入或中低收入失能、半失能的"三无""五保"老年人等的基本养老需求[76]。R. Gilroy 指出，公共服务供给是政府的基本责任，养老服务是既不属于公共产品也不属于私人产品的准公共产品，既要靠市场机制实现供需平衡，也需要靠政府通过宏观调控政策实现养老资源的优化配置[90]。政府是养老服务福利事业的主要供给主体，但是，由政府支撑的公办养老机构存在服务对象不够明确、一床难求、养老服务供给量和供给效率较低的情况，并且在其运营过程中占用了较多的公共资源，这就导致了政府难以实现财政资源配置的有效性。相对保守的养老服务事业发展具有较多的局限性，为了实现财政资源的社会福利最大化，需要对养老服务事业的发展进行相应的改革[91]。

2.2.3　养老服务产业

养老服务产业是在市场机制作用下，专门为老年人提供生活照料、医疗护理、文化娱乐、精神慰藉等服务的营利性市场化行为，以满足老年人个性化、多样化和层次化的服务需求。随着国家对养老服务业扶持政策的落实，养老服务市场化快速发展，逐步形成具有一定规模的现代化产业[92]。然而，当前养老服务产业主要以生活照料为主，发展相对低端化，尚未形成养老服务产业链。目前，中国养老服务市场规模近 8 万亿元，到 2030 年，养老服务市场规模预计可达 23 万亿元，2050 年，中国老年人消费需求将超过 105 万亿元，占全国总消费的 35%左右[87]。随着中国社会结构迈向老龄化社会，养老服务业将成为经济增长的一个主导性产业[93]。

随着市场经济的发展，养老服务供给主体逐渐由政府转向社会和市场，养老服务事业发展势头较小，养老服务业更多地以产业化的方式逐渐发展[94]。众所周知，养老服务产业并不是真正的"产业"，而是关系到国计民生、社会稳定的"弱质产业”[95]。因此，为了引导、培育和激励养老服务产业的发展，在产业发展初期，政府都会从人、财、物等多方面对其进行直接扶持[96]。养老服务产业化是养老服务业在市场经济背景下改革与发展的方向，作为以市场需求为导向的新兴产业，养老服务产业市场供给数量不足、供给结构错位以及产业链处于较低层次等现实困境，制约了养老服务的产业化进程[97]。

2.3 养老服务供给现状

养老服务的需求者始终为老年人，而供给侧主体主要为政府、市场和家庭，不同的养老服务供给主体协同起来形成一种综合供给模式，正逐渐成为研究者和实践者的共识[98-100]。家庭基于伦理道德对老年人提供养老资源（包含金钱、物质、陪伴等），政府通过建立福利性养老服务机构（如养老院等）和构建养老保障制度为老年人提供保障，市场通过建立社会化养老服务供给的方式来满足养老需求[101]。当前，养老服务供给侧的根本问题在于总供给能力不足和供需结构性失衡导致无法提供足够有效的服务以满足老年人的养老需求[50]。养老服务的供给侧结构性改革可从供给主体出发，寻找供给主体供给不足的深层原因，促进养老服务市场有效供给的增加，全力推进养老服务的供给侧结构性改革[49, 56]。

2.3.1 养老服务的家庭供给现状

由于老年人对家庭本能的眷恋、归属感以及老年人固化的规律，导致大多数老年人不愿意离开家庭和社区[102]。家庭养老是指子女承担对父母的赡养责任，提供生活照料和精神慰藉的最为传统的养老方式[103]，但是随着老年人尤其是高龄人口的迅速增长和家庭规模的结构变化，家庭养老资源减少、养老功能逐渐弱化[104]。在此情况下，养老不离家的社区居家养老模式弥补了家庭养老功能的缺陷，逐渐成为政府主推的养老形式，不仅能够为居家老人提供日常所需的全天候服务，也解决了不离家养老的服务需求问题[105]。社区居家养老服务定位准公益性质，充分利用多元主体的资源优势，客观、准确地构建社区老年信息档案，建立家庭信息网络系统，考虑到老年人的迫切需求和社会需要，从需求和供给两方面最大限度地实现养老服务的规模经济效应[106]。

2.3.2 养老服务的政府供给现状

国内外学者普遍认为养老服务供给的有效性是建立养老服务制度的出发点

和落脚点，政府购买养老服务是提高养老服务质量和效率的一种重要方式[106-110]。养老服务的公共供给主要由政府通过决策、购买、管理、监督来统揽，养老服务公共供给具有鲜明的"政府垄断"特征[111]。但是，这种"大包大揽"式的"福利兜底"养老供给模式存在"非规范性"和"非持续性"等问题，具有明显的低效率倾向[112]。在现有的财政资源条件下，由于政府财政无力保障养老服务社会需求，故政府应从养老服务体系规划的顶层设计出发，重新梳理养老服务理念[113, 114]，在家庭养老的基础上，通过养老政策来拓宽养老服务的多元化供给方式，使养老服务业由政府主导逐渐转型为市场需求主导的产业化发展[115-117]。养老服务事业改革是通过分析养老服务供求失衡的影响因素，从而对财政资源进行优化配置，实现养老服务供给质量和供给效率的提升[56, 118, 119]，解决养老服务供求失衡问题，进而实现养老服务福利最大化[51, 120]。从强调政府责任到纳入市场机制的这一转变过程，政府在养老服务中的供给主体作用逐渐弱化，社会服务的市场化主体开始培育并发展[121]。2006 年，《关于加快发展养老服务业的意见》提出，政府应制定宏观养老政策，在更高层面上承担起养老服务发展规划、财政支持与补贴激励、规范市场主体、监督管理评估等责任，促进养老服务供给侧结构性改革[122]。

2.3.3　养老服务的机构供给现状

随着家庭结构和政府职能转变的双重推进，养老服务市场化逐渐成为社会养老服务的主要供给主体，因此推动民营养老服务产业化发展是中国当前实行供给侧改革的必要需求[123]。在目前非营利组织发展尚不成熟的情况下，重点鼓励民办养老机构的发展，在市场机制作用下，解决养老服务供给不足的问题，提高养老服务市场的服务水平和供给效率[124]。然而，民营养老服务业尚处于起步阶段，其市场占有量较小[125]。据统计，2015 年中国民办养老服务机构占全部养老服务机构的 20%，民办养老服务机构发展严重不足，具体体现在养老机构经营发展困难，养老机构的建设与养老服务需求严重脱节[126]。与养老服务事业由财政全额支持不同，民营养老服务业的运营收益风险较高，根据民政部公布的数据，2017 年，在所调查的民办养老机构中，只有 51%的养老机构处于收支平衡状态，有超过 40%的养老机构处于运营亏损状态，不足 9%的养老机构勉强盈利。出现这种现象的主要原因是民办养老机构的高投资、低回报以及融资渠道不畅，由此导致社会资本投资风险较高，使民间资本望而却步。

另外，政府财政支持力度不够，对社会资本投资补贴力度很小，相较于公办养老机构,民办养老机构在市场供给竞争中处于弱势主体地位[127]。想要提高民办机构的供给能力和市场竞争力,首先要加大政府对民办机构的政策优惠和财政补贴力度,引导并激励社会资本进入养老服务业[128],这也是影响民间资本进入养老服务业的关键所在。另外,想要解决养老服务供给不足的问题,就需要依靠政府对服务市场的政策引导和顶层制度设计,在发展养老服务事业的同时加速发展养老服务产业,使其成为极具成长性的经济产业[129, 130]。

2.4 财政补贴研究现状

中国的养老服务补贴制度始于居家养老服务补贴制度。国家推进养老服务市场化,为民办养老机构发展提供了契机。政府为了激励社会资本进入养老服务行业,加大财政扶持,降低社会资本的投资风险,由此养老服务补贴才开始出现[131]。在当前倡导和推进养老机构市场化的过程中,各级政府的财政补贴是解决养老机构资金不足的一项重要支撑,也是提升各类养老机构自身发展能力的重要手段[24, 132]。在政府对进入养老服务市场的社会资本进行政策引导的过程中,主要以财政补贴或税费减免的方式对养老机构市场化加以支持,保障其市场供给的持续有效性。因此,在政府财政资源有限的情况下,优化养老机构的补贴方式和补贴力度是提高资源配置效率所面对的新挑战[130]。

财税政策作为改革的内容和促进改革的重要工具,对促进养老资源的供给具有重要作用。财税政策体现在政府对养老机构市场税费的调整、对公共服务的支撑、对服务消费的补贴等方面。养老服务的财政补贴政策产生了乘数效应,使得中国快速形成一定规模的养老服务供给[133]。应强调推进养老资源供给侧结构性改革中的财政责任,切实发挥财税政策在供给侧结构性改革中的作用。优化财税政策是政府推动供给侧结构性改革的重要手段,同时也是构建养老服务制度体系的重要内容和解决养老问题的必要途径,解决养老资源供给问题是供给侧结构性改革的一项重要内容[23]。因此,综合考虑有限的政府财政资源、市场供给的经济状况、服务需求结构等因素,需要构建养老服务市场的财政补贴机制,保障养老机构在中国养老服务体系中的支撑作用[134]。

2.4.1 养老服务财政补贴方式

根据财政补贴对象的不同,养老服务财政补贴主要分为两种:一种是通过现金、服务券等方式直接补贴给在市场中购买服务的老年人,即需方补贴;另一种是按一定的养老服务成本比例直接补贴民办养老服务机构，即供方补贴[135]。其中，现有的对养老服务需方的补贴方式主要以定额补贴为主，并不考虑老年人的养老服务需求类型是否相同，这种一刀切的补贴方式未考虑养老服务需求的复杂性和服务价格的差异性，补贴标准较为粗放，不够合理[136]。

政府对养老机构的补贴主要在两个阶段进行：一是在养老机构的建设期进行补贴；二是在养老机构的运营期进行补贴。事实上，政府侧重支持养老服务体系建设环节，尽管国家政策制定了运营补贴，但总体上仍重视不够、补贴力度不足[137]。从获得补贴的条件来看，财政补贴的门槛过高，民办养老机构必须达到一定规模才能享受财政补贴[138]。另外，养老服务财政补贴对公办和民办养老机构存在区别对待的情况，这大大降低了财政补贴效应。由于中央政府对养老服务缺乏统一的补贴机制，因此很容易因补贴政策的不同而导致养老机构发展失衡、竞争秩序混乱。对此，政府应考虑养老机构的类型、服务质量等因素，制定并实施具体且适宜的财政措施，从而大力推动民办养老机构的发展[139, 140]。

2.4.2　养老服务财政补贴力度

发达国家养老服务的市场化发展较为完善，D. Shulman 和 R. Galanter[141]认为，政府应投资建设养老服务机构并市场化运营，建立公建民营的养老服务模式可以提高养老服务供给的有效性和财政配置效率。R. L. Kane[142]研究了美国、加拿大和德国的养老服务市场发展规律，发现政府建立老年急诊护理保险制度可以加快老年人长期护理服务的市场化发展，提高养老服务的社会效用。K. Chevreul[143]通过分析法国养老护理制度指出，法国应根据养老护理现状来改进对老年人长期护理照料的养老保障政策。R. Novy-Marx[144]分析了养老服务项目的资金保障，认为政府应制定对养老服务建设资本融资的监管制度，其对于养老服务资本内源性融资的研究具有一定的借鉴意义。王桂云[145]认为，应积极拓展养老服务市场供给主体的多元化，全面开放养老服务供给侧，鼓励社会组织和社会力量参与养老服务的建设与运营，积极引导社会资本是解决政府资金困境的有效策略。UNDP 课题组[146]认为，除了直接投资建立养老服务事业外，政府还可以通过财政补贴、贷款贴息等方式来调动社会资本投入养老服务市场建设和运营的积极性。郁建兴等[147]认为，政府应提高对于养老服务市场发展的财政补贴力度，提高财政政策效率，充分激发社会资本进入养老服务行业。王莉莉[128]提出，政府要在政策引导和财税优惠支持方面制定及实施更多的政策和措施，引导大量的社会资本参与养老服务市场的建设与运营，从而增加养老服务市场供给。蔡秋宇等[23]通过对养老资源供给侧的财税政策研究，分别就养老资源供给侧结构性改革的财政政策和税收政策提出建议，希望提高对养老服务产业的财政支持和税收优惠力度。

2.4.3 财政补贴模型及方法

于凌云[148]分析了养老服务财政补贴的方式和内容，并针对不同类型的养老机构构建了具体的财政补贴优化模型，认为政府要根据经济条件和地区差异来对养老服务机构的建设和运营成本进行差异化补贴。刘向杰[149]以政府预算为约束条件，在财政不足的情况下，分别建立了公办民营和民办公助两种形式的养老服务的三种财政补贴模型，即建设期补贴模型、经营补贴模型和混合补贴模型，并分析了三种补贴模型的优势和局限性。陈志勇等[136]从养老服务需求和供给两个维度进行分析，由于养老服务市场化财政补贴标准未考虑不同养老方式的费用差异性，因此利用目标规划修正并完善了财政补贴标准的量化测度模型。廖楚晖[150]指出，政府要制定以养老服务市场需求为导向、多种优惠并行的扶持政策，促进养老服务市场多元化、个性化发展，以满足养老服务市场需求的多样性。柳键等[151]通过构建民办养老机构与政府补贴的博弈模型，分析了养老服务财政补贴与民办养老机构定价的博弈关系，并进一步分析了相关因素的变化给各博弈方均衡决策所带来的影响。M. Kulm 等[152]分别在完全信息和不完全信息两种情形下对养老服务的补贴政策进行博弈分析，得出不同状态下养老机构的最优服务质量和政府最优税收政策。桑秀丽等[153]构建了由政府和两个服务提供商组成的供应链的补贴分配策略模型，分别在分散决策和集中决策情形下，得出养老服务的价格与服务水平相同的结论。甘炜等[138]针对不同类型的养老机构构建了养老机构的年度财政补贴模型，并针对不同类型的养老机构制定了不同的补贴方案，证明了实行具体化的财政补贴政策是完善养老服务补贴机制的重要环节。

2.5 养老服务市场质量监管

作为社会性的公共服务，养老服务的质量是缓解养老服务市场供需结构矛盾的关键因素之一，因而对养老服务质量的研究将有助于促进养老服务市场化发展，使养老服务质量能不断提高。

2.5.1 养老服务市场的质量风险

由于社会办养老机构自主收费、自负盈亏，因此，养老机构的服务质量与价格呈正相关，但也存在服务价格高而服务质量差的情况[154-156]。市场竞争也会对养老服务质量产生负面影响，如竞争越激烈导致养老服务质量越低[157, 158]。养老服务质量风险的来源主要在于对养老机构的监管和服务机构的供给行为，包括政府的监管措施[159]。因此，在养老服务市场发展过程中，由于政府对补贴期内养老机构的服务质量监管不力，导致养老服务供给有效性降低的现象依然存在[160]。养老服务具有准公共产品的特性，因此，为了避免财政补贴配置有效性降低、养老服务质量差、运营效率低等问题，保证养老服务的社会福利性，政府有必要采取一系列措施来降低养老服务质量风险[161, 162]，提高养老服务的供给有效性，以保障养老服务市场健康持续发展[163, 164]。

2.5.2 政府对质量监管的演化博弈

目前，关于养老服务质量监管的研究极少，且已有研究大多是从定性认知的角度浅尝辄止[165, 166]，很少采用定量的方法对养老服务质量监管进行系统研究。近年来，运用演化博弈模型对质量监管进行的研究大部分主要集中在食品、环境、交通等方面[167-174]。另外，政府质量监管的有效性需要完善的监管机制以及公众高度参与的监管过程[175]。

W. Tijhuis[176]认为，可以通过收集企业信息对企业进行质量评估，以此选出高效率的项目合作企业。在合作质量和效率监管方面，可以以政府监管对质量的影响为切入点进行研究。如 P. M. Panayides 等[177]、J. Mota 等[161]通过对 PPP 项目绩效的影响因素进行分析，发现政府监管是影响项目绩效的关键因素之一。积极的政府监管与高效的项目监管措施可以加快项目进程，并提高社会资本的投资增长率[178]。另有一些相关文献将第三方作为博弈因素或博弈主体，构建了政府、养老机构和第三方主体之间的混合策略的纳什均衡模型，同时考虑了影响政府监管积极性、企业寻租可能性及政企合谋等策略行为的关键因素，并对其影响结果进行了系统分析[178-183]。朱立龙等[184]构建了政府监管部门与企业质量监管的演化博弈模型，通过对模型中三种博弈均衡结果进行分析，揭示了政府部门与企业之间质量监管的内部运行机理。赵荧梅等[185]从利益实现机制出发，构建了企业、经销商和政府监管部门的博弈模型，并对行为策略进行分析，发现监管力度和监管的机会成本可以直接影响各博弈方的行为策略选择。

2.5.3 引入公众参与和声誉机制的质量监管

由于信息的不对称性和不完备性，政府监管部门对养老机构的服务质量缺乏专业信息，因此在有限的监管资金成本和人力成本条件下，发挥公众参与和监督作用是保证养老服务质量水平的一条重要途径，即可以将公众参与和消费者影响力作为变量引入演化博弈模型中[186, 187]。同时，政府监管部门可以通过监管和评估结果来制定一系列的奖惩制度和声誉机制，例如罚款、发放或取消补贴、增加或减少相关合作，把声誉作为变量引入演化博弈模型中[188, 189]。若政府在对企业的监管过程中存在与养老机构寻租合谋行为，则对双方进行处罚。

朱立龙等[190]在考虑信息不对称及有限理性条件下，构建了基于消费者反馈机制的企业、第三方机构和政府之间的监管演化博弈模型，并分析了不同行为主体间策略选择的相互影响机制。谢康等[191]从理性假设出发探讨了媒体参与食品安全治理的作用，并分析了媒体参与食品安全治理的具体条件和情境。Z. Lotfi 等[187]考虑了消费者影响力对质量监管行为的影响，构建了质量监督与激励模型，研究发现当企业承担一定的声誉风险时，可以提高服务质量和服务满意度。G. George 等[192]构建了政府和企业的委托代理模型，得出激励手段对于企业产品质量具有较强的引导作用，并且改进政府监管理念可以提高政府监管效率的结论。李成等[193]构建了 KMRW 声誉模型，对上市公司虚假信息披露行为进行了博弈分析，发现在政府声誉机制介入条件下，投资者对上市公司能力的先验概率取决于上市公司与博弈第三方——政府的博弈结果。

2.6 文献述评

通过对上述文献进行梳理，总结如下：

(1) 养老服务市场尚处于起步阶段，财政补贴可以激励社会资本进入养老服务行业，促进养老服务市场化发展。现有研究在养老服务财政补贴政策及补贴机制设计等方面做出了重要贡献，且主要偏向于顶层设计和定性分析，但是很少有研究应用具体的数学模型，从理论上分析不同的财政补贴方式对不同类型的养老服务供给的影响。

(2) 在针对养老服务财政补贴与养老服务供给决策的现有研究中，大多数的研究只是将政府补贴视为博弈模型中的一个参数，以此分析其对养老服务市场供给量的影响。但是，通过对已有文献进行梳理后发现，养老服务市场的有效供给量在很大程度上受老年人服务偏好、服务质量水平、服务成本等因素的影响。在综合考虑养老服务质量、老年人服务偏好和财政补贴质量下限的情况下，应用数理模型分析财政补贴对养老服务市场供给影响的文献则较少。

(3) 大部分文献对质量监管的研究主要集中在交通、食品安全和环境等方面,通过构建数学演化博弈模型来分析不同博弈方的均衡策略。已有文献主要通过提高监管力度及惩罚力度等对产品或服务质量监管问题进行研究,较少有文献考虑到公众参与机制和声誉机制对质量监管效率的影响。

(4) 绝大多数研究得出了财政补贴对起步阶段的养老服务市场具有正向激励和推动作用的结论,然而,当财政补贴政策不能完全适应养老服务市场发展时,政府补贴在推动养老服务市场发展的同时,也可能存在补贴负效应,或导致新的服务供需结构失衡。然而,目前很少有学者对于财政补贴的负效应或新的供需结构失衡进行策略分析。

本章主要针对养老服务、财政补贴、服务质量和政府监管等研究理论及成果进行了回顾和梳理,为本书的研究提供了扎实的理论铺垫。同时,通过文献梳理,本书将研究的主要内容聚焦于财政补贴下服务供给、服务质量监管及新的供需结构失衡等方面,以期进一步完善养老服务财政补贴机制。

第3章

基于财政补贴的养老服务市场供给研究

基于养老服务和财政补贴制度的现状，从理论上完善养老服务财政补贴制度以推动中国养老服务市场化发展就有了必然性，同时，缓解养老服务市场的供需量矛盾是推进养老服务市场化的内在需求。本章基于养老服务财政补贴制度，在财政资源有限的条件下，分析财政补贴方式及补贴力度对养老服务市场供给量的影响，以此来优化养老服务财政补贴的方式，提高养老服务市场的供给量，缓解养老服务的供需量矛盾。

3.1 问题来源

中国对老龄事业的财政投入水平相较之前已经有了大幅度的提高，但是与庞大的老年人口数量相比，财政投入仍处于较低水平[137]。人口老龄化加剧了养老服务的市场化需求，然而仅仅依靠政府财政支出难以满足老年人的服务需求[194, 195]。与此同时，经济发展新常态下的国民经济已由高速增长转为中高速增长，产能过剩导致民间存在大量闲置资本。另外，经济发展新常态进一步加快了现代服务业的发展，这为民营养老服务业提供了发展契机。因此，社会资本参与的机构养老在养老服务体系中扮演着越来越重要的角色，社会资本在养老服务市场中的主导作用是缓解养老服务资金严重不足。尽管尚处于起步阶段的养老服务市场的发展潜力巨大，但是养老服务具有建设投资大、运营风险高、微利性等特点，这就导致逐利性的社会资本在养老服务领域的投入比例较小，只占全社会资本投资的1.03%，从而变相削弱了养老机构的市场发展潜力，难以提高服务的市场化供给量。

在当前倡导和推进养老机构市场化的过程中，政府财政补贴是解决养老机构资金不足和降低社会资本参与风险的重要手段。按投资建设主体进行分类，养老机构主要包括民办养老机构和公办养老机构。民办养老机构是由社会资本参与建设和经营的市场化养老机构,公办养老机构则是由国家或集体主办的各类养老福利机构[196]。2015年,民政部等10部门联合印发《关于鼓励民间资本参与养老服务业发展的实施意见》。该《意见》通过财政补贴和税费优惠对进入养老服务行业的社会资本积极引导鼓励,为民办养老机构的发展营造了一个良好的政策环境。国家在方针政策上鼓励社会资本积极参与中国养老服务业的发展,但在实际操作中却是重公办轻民办,即优待公办养老机构,对民办养老机构扶持力度较小,补贴额仅占养老服务财政补贴的2.49%。公办养老机构是由政府全额投资建设的,并通过政府购买的方式提供全额运营补贴(养老床位补贴和服务项目补贴)。民办养老机构则是由政府根据相应的财政补贴优惠政策,在建设期提供部分建设投资补贴,在服务供给过程中提供一定比例的运营补贴,以此来降低养老机构的投资运营风险,增加养老服务市场供给。以江苏省为例,政府为床位数达到50张以上的养老机构每年给予3 000元的运营补贴,连续补贴5年,一次性床位建设补贴为2.5万元,但据民政部测算,养老机构每张床位的建设成本在30万～45万元之间,财政补助力度相对较小,故对社会资本的吸引力较小。在政府财政补贴能力有限的情形下,对于公办养老服务和民办养老服务,政府应将财政补贴更多地倾向于"谁",才能更有效地分配财政补贴资金,才能更大程度地提高养老服务市场供给?这是政府亟待解决的社会与财政问题。

本章在政府对养老机构财政补贴现状的基础上,分析财政补贴政策的运行原理,引入服务替代因子,构建公办和民办两类养老机构的养老服务市场供给动态博弈模型,推理演绎得出两类供给主体的服务均衡供给量。同时,进一步分析财政补贴下公办养老机构与民办养老机构的均衡供给决策,并通过算例仿真,对比分析了财政补贴前后各养老机构服务供给量的变化,以及补贴方式和补贴力度对两类养老服务机构最优供给决策的影响程度。在财政预算的约束下,选择恰当的财政补贴方式可提高财政资源的配置效率,增加养老服务市场供给,缓解养老服务的财政压力,同时,也为完善养老机构市场化的财政补贴机制提供了新思路。

3.2 模型描述

2013年,民政部公布《养老机构设立许可办法》,规范了养老服务机构的设立标准。社会资本进入养老服务市场使得养老服务业健康持续发展的资金压力得到了缓解。但是,在此之前,养老服务业作为公共服务业,政府长期处于垄断地位，民间资本参与较少，政府财政资金注入是主要方式[197]。对此，政府应制定相应的财政补贴政策来鼓励社会资本进入养老服务业。相较于公办养老机构，民办养老机构在政策扶持、资金、环境、硬件设施等方面存在劣势，且运营风险高、资本收益回收慢，当养老机构运营达不到预期收益，处于亏损状态时，其在养老服务市场的发展将受限。对此，政府需要制定长效的补贴机制来保障机构的市场化运营，否则市场化养老机构将难以为继。

目前，中国针对养老服务机构的财政补贴方式主要有两种：建设补贴和运营补贴。根据宏观经济学，养老服务的财政补贴政策产生了积极的政策效应。政府财政补贴优惠政策一方面可以完善社会资本回收机制，缩短投资回收期，降低投资风险，大大提升社会资本助推养老服务业的积极性，使得养老服务市场快速地形成一定的规模，从而更大程度地增加养老服务市场的供给量。另一方面，在有限的财政补贴条件下，更大程度地增加养老服务市场的供给量，可提高财政资源的配置效率，促进政府在公共福利事业中的职能转变。在市场竞争环境中，由于市场化养老机构具有较为科学的管理制度和专业化的服务，因此，较多的老年人会选择民办养老机构，这便缓解了政府在养老服务业发展中的财政负担。

3.3 模型建立

目前，养老服务业的供给主体包含民办养老机构和公办养老机构，这两类供给主体对于政府财政补贴具有竞争关系，而政府财政补贴在很大程度上决定了养老服务的有效供给量。社会资本拥有者是具有“逐利性”的理性经济人，因此，本书以民办养老机构 A 和公办养老机构 B 作为养老服务的两类供给主体的代表，研究供给侧开放的养老机构服务供给均衡策略，进一步分析补贴力度和补贴方式的乘数效应，为政府建立财政补贴机制以及制定养老机构的服务供给决策提供理论支持和参考。

下文以财政补贴下的公办养老机构和民办养老机构的服务供给为研究切入点，应用动态古诺模型研究供给侧开放下的两类养老机构的服务供给最优规模，进一步引入乘数效应来探讨养老服务财政补贴方式及补贴力度对两类养老机构的影响，并通过算例仿真对比分析财政补贴前后两类养老机构服务供给量的变化情况，从而对养老服务财政政策的作用机理进行分析并得出研究结论。本章的研究为解决“政府应该将有限的养老服务财政资源更多地倾向于‘谁’，才能更大程度地增加养老服务供给量，缓解供需矛盾”这一问题提供了理论依据和政策建议。

3.3.1　基本假设

假设 1:考虑养老服务市场的两个供给主体,即民办养老机构 A 和公办养老机构 B,由于两个养老机构的生产运营成本和服务专业化水平均不同,故二者提供的养老服务存在差异。两机构的养老服务最优供给策略受替代品的影响,替代影响程度用替代因子 ξ 表示。在养老服务竞争市场中,两个养老机构分别对自身服务供给进行决策,以追求自身收益最大化。

假设 2:社会资本拥有者是理性经济人,在进入养老服务业之前会对养老服务市场进行科学的风险评估和市场分析。因此,借鉴文献[198]和[199],假设养老机构 A 和养老机构 B 都准确地了解养老服务市场的需求曲线,而且都已知对方的服务供给量及替代因子对自身的影响。运用古诺模型研究在政府财政补贴下,供给侧开放的民办养老机构和公办养老机构的养老服务市场供给。

假设 3:养老服务市场的供给主体包含公办养老机构和民办养老机构,由于任一机构的供给量对整个养老服务市场都具有举足轻重的作用,因此由财政补贴变化所引起的任一机构供给量的变化,均会对整个养老服务市场供给量产生影响,同时,任一机构的供给量也会受到另一机构供给量的影响。根据分析,本部分两供给主体的博弈模型最适合采用寡头垄断模型。

借鉴文献[200]—[203]的研究结果,假定养老机构的服务需求函数为

$$P_i = \alpha_i - \beta_i q_i - \xi_j q_j,\ i = \mathrm{A},\ \mathrm{B},\ j = \mathrm{B},\ \mathrm{A} \tag{3.1}$$

式中　α_i——养老服务的最大服务价格,当养老服务价格高于 α_i 时,市场对养老服务的需求量为 0;

β_i——养老服务需求量变化对服务价格变动的敏感程度,用服务需求变化量与价格变化量的比值表示;

ξ_j——两类养老机构的养老服务替代程度,即市场竞争环境下对方供给量变化对自身价格的影响,其中,ξ_{A} 表示民办养老机构对公办养老机构的服务替代程度,ξ_{B} 表示公办养老机构对民办养老机构的服务替代程度。

假设 4:两机构的养老服务供给量用养老服务床位数 q 表示,由于现阶段养老服务需求远大于供给,假设两机构的入住率都为 1,养老服务成本函数可表示为床位数 q_i 的函数。

建模时，养老服务机构的生产函数形式对模型的结论不会有影响。根据H. Gebauer等[204]和G. H. Wu[205]的研究，企业生产成本取决于产品的生产量，因此，养老机构的供给成本取决于养老服务的供给量：

$$TC_i = m_i q_i^2 + n_i,\ i = \mathrm{A},\ \mathrm{B},\ m_i > 0,\ n_i > 0 \tag{3.2}$$

式中 m_i——养老机构 i 的单位养老服务成本；

n_i——养老机构 i 的固定成本。

政府作为养老服务的主要供给主体，对养老服务的长期垄断导致市场竞争机制难以发挥作用。在养老服务供给侧开放条件下，考虑到政府对社会资本的有效引导，以及市场竞争中养老服务替代性的影响，养老服务机构的收益函数为

$$W_i = P_i q_i - TC_i = (\alpha_i - \beta_i q_i - \xi_j q_j) q_i - (m_i q_i^2 + n_i),\ i = \mathrm{A},\ \mathrm{B},\ j = \mathrm{B},\ \mathrm{A} \tag{3.3}$$

本章中所使用的符号及其说明如表3.1所列。

表 3.1 本章中的符号及说明

符号	说明
α_A，α_B	民办养老机构A和公办养老机构B的最大服务价格
P_A，P_B	民办养老机构A和公办养老机构B的服务价格
β_A，β_B	民办养老机构A和公办养老机构B的市场需求量变化对自身服务价格变动的敏感程度
ξ_A，ξ_B	民办养老机构A和公办养老机构B的服务需求替代程度
q_A，q_B	民办养老机构A和公办养老机构B的床位数
m_A，m_B	民办养老机构A和公办养老机构B的单位养老服务成本
n_A，n_B	民办养老机构A和公办养老机构B的固定成本
W_A，W_B	民办养老机构A和公办养老机构B的服务供给收益
K_1，K_2	财政运营补贴乘数，财政建设补贴乘数
T_1，T_2	财政运营补贴力度，财政建设补贴力度
TC_A，TC_B	民办养老机构A和公办养老机构B的服务供给总成本

3.3.2 均衡求解

本部分重点分析竞争市场中养老服务的替代性，以及政府财政补贴方式和补贴力度对两个养老机构养老服务均衡供给量的影响，为使得分析更加清晰，对

某些参数进行简化，令 $\alpha_A=\alpha_B=\beta_A=\beta_B=1$，对式(3.3)求关于 q_i 的一阶偏导：

$$\frac{\partial W_A}{\partial q_A}=0 \Leftrightarrow 1-2q_A-\xi_B q_B-2m_A q_A=0$$

$$\frac{\partial W_B}{\partial q_B}=0 \Leftrightarrow 1-2q_B-\xi_A q_A-2m_B q_B=0$$

得到养老机构 A 和 B 的反应函数：

$$\left.\begin{aligned} q_A&=\frac{1-\xi_B q_B}{2(1+m_A)} \\ q_B&=\frac{1-\xi_A q_A}{2(1+m_B)} \end{aligned}\right\} \tag{3.4}$$

式(3.4)是在考虑了市场竞争的作用下，两机构的静态博弈均衡供给解，养老服务均衡供给量随着竞争机构的供给规模和替代程度的增加而减少。进一步来说，根据文献[17]和[18]的研究，在实际的养老服务市场竞争中，养老服务机构都会根据竞争机构上一期的供给规模来估计自己当期的供给规模，从而确定自己当期服务的最优供给量。据此引入二阶动态方程：

$$\left.\begin{aligned} q_A(t)&=\frac{1-\xi_B q_B(t-1)}{2(1+m_A)} \\ q_B(t)&=\frac{1-\xi_A q_A(t-1)}{2(1+m_B)} \end{aligned}\right\} \tag{3.5}$$

式中　$q_i(t)$ ——养老机构 i 在第 t 时期的养老服务市场供给量；

$q_i(t-1)$ ——养老机构 i 在 $(t-1)$ 时期的养老服务市场供给量，为了便于对模型进行系统稳定性分析，将式(3.5)进行如下整理：

$$\begin{pmatrix} q_A(t) \\ q_B(t) \end{pmatrix}=\begin{pmatrix} 0 & \dfrac{-\xi_B}{2(1+m_A)} \\ \dfrac{-\xi_A}{2(1+m_B)} & 0 \end{pmatrix}\cdot\begin{pmatrix} q_A(t-1) \\ q_B(t-1) \end{pmatrix}+\begin{pmatrix} \dfrac{1}{2(1+m_A)} \\ \dfrac{1}{2(1+m_B)} \end{pmatrix}$$

令 $Q(t)=\begin{pmatrix} q_A(t) \\ q_B(t) \end{pmatrix}$，$\boldsymbol{M}=\begin{pmatrix} 0 & \dfrac{-\xi_B}{2(1+m_A)} \\ \dfrac{-\xi_A}{2(1+m_B)} & 0 \end{pmatrix}$，

$$N=\begin{pmatrix}\dfrac{1}{2(1+m_A)}\\ \dfrac{1}{2(1+m_B)}\end{pmatrix}$$

则 $$Q(t)=MQ(t-1)+N \tag{3.6}$$

3.3.3 稳定性分析

引理支撑:离散时间条件下动态系统的平衡点渐进稳定的充要条件为矩阵 $\boldsymbol{M}$ 的所有特征根均位于复平面的单位圆内(即模小于 1),若有一个特征根位于单位圆外,则平衡点是不稳定的[19, 20]。

根据引理分析,矩阵 $\boldsymbol{M}$ 的特征根应满足 $|\lambda I-\boldsymbol{M}|=0$。

$$\begin{vmatrix}\lambda & \dfrac{\xi_B}{2(1+m_A)}\\ \dfrac{\xi_A}{2(1+m_B)} & \lambda\end{vmatrix}\Leftrightarrow\lambda^2-\frac{\xi_A\xi_B}{4(1+m_A)(1+m_B)}=0$$

由引理可知,该竞争供给博弈模型趋于稳定的充要条件为

$$|\lambda|<1\Leftrightarrow\xi_A\xi_B<4(1+m_A)(1+m_B) \tag{3.7}$$

式中,ξ_i 为替代因子,表示养老机构 A 和养老机构 B 的养老服务替代程度,由于 $|\xi_i|\leqslant1,\ m_i>0$,因此式(3.7)恒成立,即养老服务供给动态博弈均衡解满足模型的稳定性条件,那么养老机构的双寡头动态博弈的均衡服务供给量 $Q^*(t)$ 为

$$\boldsymbol{Q}^*(t)=(1-\boldsymbol{M})^{-1}N=\begin{pmatrix}\dfrac{2(1+m_B)-\xi_B}{4(1+m_A)(1+m_B)-\xi_A\xi_B}\\ \dfrac{2(1+m_A)-\xi_A}{4(1+m_A)(1+m_B)-\xi_A\xi_B}\end{pmatrix} \tag{3.8}$$

从理论模型可以看出,社会资本进入养老服务业后,民办养老机构和公办养老机构的养老服务供给动态博弈均衡解具有一定的现实意义:严峻的人口老龄化形势导致转型期政府在养老服务福利事业方面的财政支出负担加重;另外,当前社会经济由高速增长转为中高速增长,供给过剩的行业会挤出大量闲置资本,

政府通过财政税费优惠政策能激励社会资本进入养老服务领域，为养老服务市场的产业化发展提供了契机和机遇。自2011年以来，中国养老服务业的市场化进程在不断地加速推进，保利、远洋、万科等大型房地产企业以及保险公司纷纷加盟养老服务业。2014年，中国太平保险集团开始涉足养老产业，并规划了未来10年内在健康养老方面的战略布局。其计划在全国范围内投资100亿元用以建设8～10个养老社区，其中上海梧桐人家养老产业项目的投资额近40亿元。泰康人寿则计划未来5～8年在养老服务市场投资1 000亿元，在全国范围内选址建设16～20个中高端养老社区。2014年，三胞集团收购了安康通以及以色列的养老机构Natali，Natali占以色列养老服务市场的份额达到60%以上，通过二者的结合，共同打造中国领先的养老服务管理机构，同时也为社会资本涉足全球养老产业布局打下了基础。在市场竞争体制下，民营企业因其科学、高效的机构运营方法和较为成熟的市场供给优化决策制度，能够寻求到最佳的效率和公平组合，从而实现增加养老服务有效供给的目标。

3.4　养老服务的财政补贴

虽然养老服务市场有广阔的发展空间，但是养老机构的高建设投资、高运营风险和低投资收益等固有特点，使得民办养老机构在建设及经营过程中面临着诸多困难。若养老服务产业发展缺少政府的政策优惠扶持，仅靠市场自发调节机制是很难提高养老服务市场的有效供给。公办养老机构的投资建设和运营管理均由政府财政全额支持，而相较于公办养老机构对政府财政支出的高度依赖性，民办养老机构能获得的政策优惠和资金扶持力度都较小。假设政府对公办养老机构的单位床位建设投资补贴和运营补贴力度均为1。本节拟探讨政府对养老机构的两种补贴方式——运营补贴和建设补贴，并对这两种补贴方式的效果进行分析。

3.4.1　养老服务运营补贴

政府对民办养老机构A进行运营补贴，设每单位养老服务补贴力度为$T_1(0 \leqslant T_1 \leqslant 1)$，则民办养老机构A的服务供给成本函数为

$$TC_{A1} = m_A q_{A1}^2 + n_A - T_1 q_{A1} \tag{3.9}$$

将式(3.9)代入式(3.3)，并分别对收益函数求一阶偏导，则考虑时间t的动

态反应函数为

$$\left.\begin{aligned} q_{A1}(t) &= \frac{1-\xi_B q_{B1}(t-1)+T_1}{2(1+m_A)} \\ q_{B1}(t) &= \frac{1-\xi_A q_{A1}(t-1)}{2(1+m_B)} \end{aligned}\right\} \tag{3.10}$$

结合上述稳定性分析,考虑运营补贴后的养老服务供给动态博弈模型应满足系统稳定性条件,由此,民办养老机构 A 和公办养老机构 B 的服务供给均衡解为

$$\boldsymbol{Q}_1^*(t) = \begin{pmatrix} \dfrac{2(1+m_B)(1+T_1)-\xi_A}{4(1+m_A)(1+m_B)-\xi_A\xi_B} \\ \dfrac{2(1+m_A)-\xi_A(1+T_1)}{4(1+m_A)(1+m_B)-\xi_A\xi_B} \end{pmatrix} \tag{3.11}$$

比较式(3.8)和式(3.11)可以发现,政府在实施运营补贴后,民办养老机构 A 的养老服务均衡供给量会增加,而公办养老机构 B 的养老服务均衡供给量会减少。在公共财政支出有限的条件下,政府增加对民办养老机构的财政补贴,就挤出了对公办养老机构服务的直接购买。在经济发展新常态的背景下,利用财政补贴方式可以大大提升社会资本助推养老服务业的积极性,使得社会资本在一定程度上承担养老服务供给责任,进而增加了养老服务的市场供给量。

3.4.2 养老服务建设补贴

政府对民办养老机构 A 进行建设补贴,补贴因子为 $T_2(0 \leqslant T_2 \leqslant 1)$,则养老机构 A 的成本函数为

$$TC_{A2} = TC_A - T_2 TC_A = (1-T_2)TC_A \tag{3.12}$$

结合式(3.12)和式(3.3),分别对养老机构的收益函数求关于 q 的一阶导数,则考虑时间 t 的动态反应函数为

$$\left.\begin{aligned} q_{A2}(t) &= \frac{1-\xi_B q_{B2}(t-1)}{2[1+(1-T_2)m_A]} \\ q_{B2}(t) &= \frac{1-\xi_A q_{A2}(t-1)}{2(1+m_B)} \end{aligned}\right\} \tag{3.13}$$

同理，该模型满足均衡系统的稳定性条件，得出各养老机构的服务供给动态均衡解为

$$Q_2^*(t)=\begin{cases}\dfrac{2(1+m_B)-\xi_B}{4[1+(1-T_2)m_A](1+m_B)-\xi_A\xi_B}\\[2ex]\dfrac{2[1+(1-T_2)m_A]-\xi_A}{4[1+(1-T_2)m_A](1+m_B)-\xi_A\xi_B}\end{cases}\tag{3.14}$$

比较式(3.8)和式(3.14)可以发现，政府在实施建设补贴后，民办养老机构 A 的服务供给量明显增加。在没有财政建设补贴保障的条件下，受建设投资成本及服务成本等的资本约束，无论何种类型、何种规模的民办养老机构都难以为继。因此，政府可以通过建立合理的建设补贴机制来提高社会资本进入养老服务市场的积极性。

3.4.3　政府财政补贴乘数

根据养老服务财政补贴的政策效应，财政补贴政策促进了养老服务市场供给量的增加，为了分析养老服务财政补贴方式对养老服务均衡供给量变化的影响程度，本章引入补贴乘数 K 来表示财政补贴前后养老服务市场供给增量 ΔQ 与补贴力度 T 的比值，即 $K=\Delta Q/T$，补贴乘数 K 反映了财政补贴力度对服务供给量变化的影响程度。

运营补贴乘数 K_1 为

$$K_1=\frac{2(1+m_B)}{2(1+m_B)(1+T_1)-\xi_B}\tag{3.15}$$

建设补贴乘数 K_2 为

$$K_2=\frac{[2(1+m_B)-\xi_B][4(1+m_A)(1+m_B)-\xi_A\xi_B]}{4(1+m_B)\{4[1-(1-T_2)m_A](1+m_B)-\xi_A\xi_B\}}\tag{3.16}$$

根据上述综合模型求解分析，在供给侧开放的养老服务市场中，民办养老机构 A 和公办养老机构 B 通过动态供给博弈模型的测算，得出补贴前后的养老服务均衡供给量(表 3.2)。政府制定并实施对民办养老机构 A 的财政补贴政策，使得补贴后养老机构 A 的养老服务供给量有所增加，而且补贴乘数的大小与具体补贴方式有关，这一结果符合财政政策对社会资本的引导预期和养老服务宏观财政政策的要求。

表 3.2　补贴前后的养老服务均衡供给量及补贴乘数

	养老机构 A 供给量 Q_A	养老机构 B 供给量 Q_B	补贴乘数 K_i
补贴前	$\frac{2(1+m_B)-\xi_B}{4(1+m_A)(1+m_B)-\xi_A\xi_B}$	$\frac{2(1+m_A)-\xi_A}{4(1+m_A)(1+m_B)-\xi_A\xi_B}$	—
运营补贴	$\frac{2(1+m_B)(1+T_1)-\xi_A}{4(1+m_A)(1+m_B)-\xi_A\xi_B}$	$\frac{2(1+m_A)-\xi_A(1+T_1)}{4(1+m_A)(1+m_B)-\xi_A\xi_B}$	$\frac{2(1+m_B)}{4(1+m_B)(1+T_1)-\xi_B}$
建设补贴	$\frac{2(1+m_B)-\xi_B}{4[1+(1-T_2)m_A](1+m_B)-\xi_A\xi_B}$	$\frac{2[1+(1-T_2)m_A]-\xi_A}{4[1+(1-T_2)m_A](1+m_B)-\xi_A\xi_B}$	$\frac{[2(1+m_B)-\xi_B][4(1+m_A)(1+m_B)-\xi_A\xi_B]}{4(1+m_B)\{4[1-(1-T_2)m_A](1+m_B)-\xi_A\xi_B\}}$

3.5 算例分析

由表 3.2 可知，该博弈模型的均衡结果中含有多个参数，为了更加形象具体地分析服务替代因子 ξ、补贴力度 T 及补贴乘数 K 对供给博弈均衡结果的影响，本节拟设计参数变化的具体数值并进行仿真模拟分析。在当前养老服务市场中，民办养老机构 A 的建设成本和运营成本要高于公办养老机构 B，即养老机构的服务成本系数 $m_A > m_B$，设 $m_A = 0.8$，$m_B = 0.2$。随着供给侧开放，社会资本进入养老服务行业，其先进的管理技术、科学决策及风险评估产生了明显的市场竞争优势，因此，民办养老机构 A 对公办养老机构 B 的替代率会逐渐增大，即替代因子 $\xi_A > \xi_B (0 \leqslant \xi_A, \xi_B \leqslant 1)$，设 $\xi_A = 0.6$，$\xi_B = 0.2$。本节通过对参数设置具体数值，从而更直观地分析养老服务市场供给量是如何受服务替代因子 ξ、建设补贴和运营补贴方式及力度影响的，并进一步通过补贴乘数 K 深入分析建设补贴和运营补贴对养老服务市场供给量变化的影响程度。

3.5.1 运营补贴对养老服务均衡供给量的影响

政府对民办养老机构 A 的单位养老服务进行补贴，设单位服务的财政补贴力度为 $T_1 (0 \leqslant T_1 \leqslant 1)$，在给定养老机构服务成本系数、服务替代因子 ξ 参数值的前提下，分析运营补贴力度 T_1 对养老服务均衡供给量及总供给量的影响，结果如图 3.1 和图 3.2 所示。

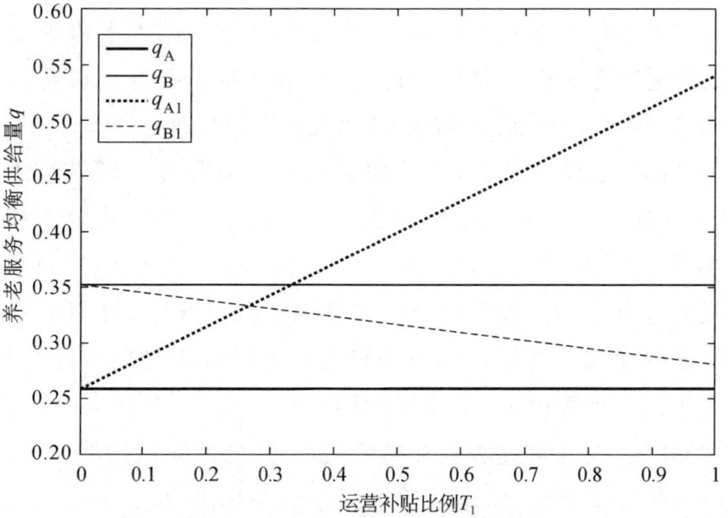

图 3.1　运营补贴前后养老服务均衡供给量的变化情况

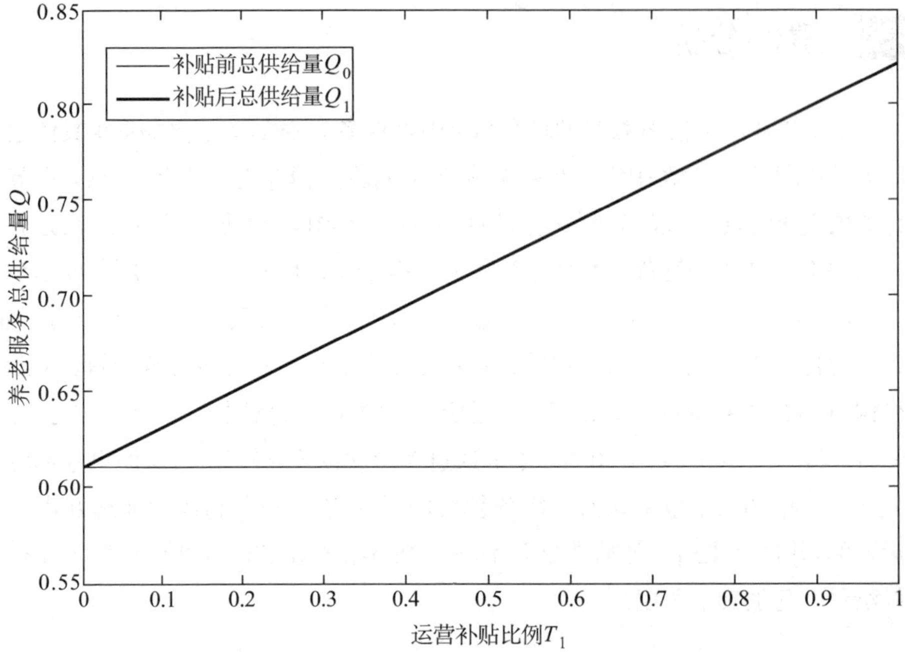

图 3.2　运营补贴前后养老服务总供给量的变化情况

由图 3.1 和图 3.2 可知，运营补贴前，公办养老机构 B 的养老服务均衡供给量高于民办养老机构 A 的养老服务均衡供给量；运营补贴后，公办养老机构 B 的养老服务均衡供给量随着运营补贴力度的增大而减小，而民办养老机构 A 的养老服务均衡供给量随补贴力度的增大而增大，且增加的幅度要大于公办养老机构服务供给量减少的幅度，即运营补贴后的养老服务总供给量高于补贴前的养老服务总供给量。因此，政府增加对民办养老机构的运营补贴力度，整个养老服务市场的总供给量也会大幅度地增加。

从养老机构的运营期来看，为了加速社会养老服务市场供给主体的多元化发展，政府在制定民办养老服务补贴政策时，倾向于对各类养老机构供给主体采取一视同仁的财政扶持力度，根据养老床位的收住规模，每月给予养老机构相应的服务运营补贴。如无锡市民政局、财政局发布《关于调整社会办养老机构补助标准的通知》，对社会办养老机构收住满 3 个月的本地户籍老年人，根据老年人生活自理程度，给予养老机构每月 120 元/人的全护理、100 元/人的半护理和 60 元/人的自理服务补贴费用，以降低养老机构的日常运营成本，鼓励社会资本兴办养老机构，增加养老服务市场化供给。

3.5.2　建设补贴对养老服务均衡供给量的影响

政府对民办养老机构 A 的建设期投资给予补贴，建设补贴力度为 $T_2(0 \leqslant T_2 \leqslant 1)$，在公共服务财政补贴支出有限的情况下，分析建设补贴力度 T_2 对养老服务均衡供给量和总供给量的影响，结果如图 3.3 和图 3.4 所示。

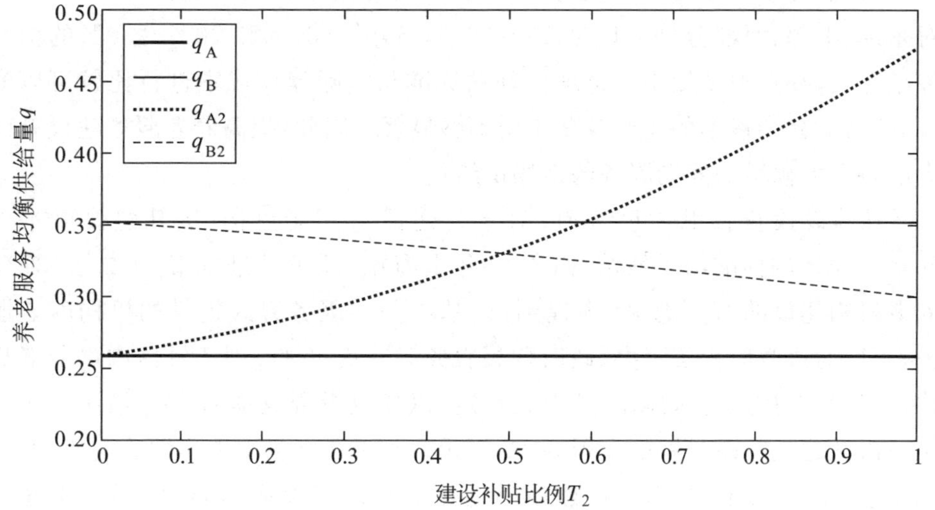

图 3.3　建设补贴前后养老服务均衡供给量的变化情况

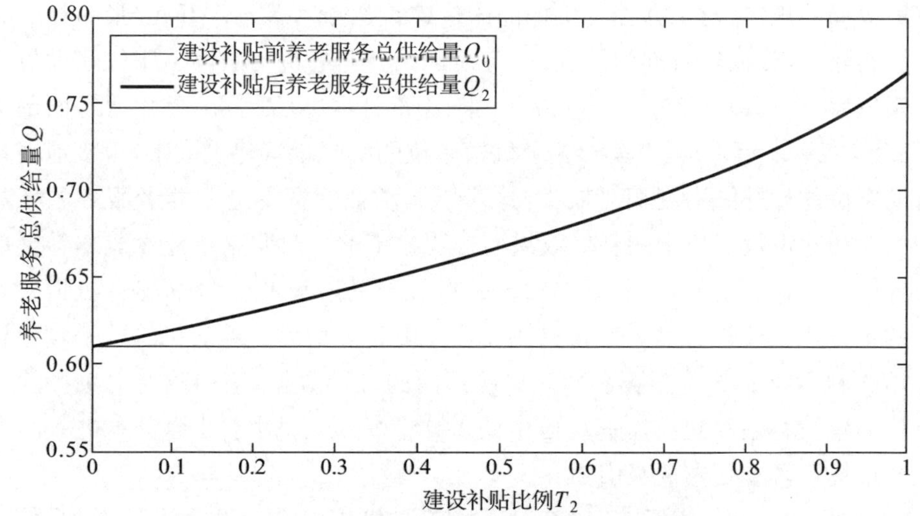

图 3.4　建设补贴前后养老服务总供给量的变化情况

由图 3.3 和图 3.4 可知，建设补贴后，公办养老机构 B 的均衡供给量随建设补贴力度 T_2 的增大而减小，民办养老机构 A 的供给量则随建设补贴力度 T_2 的增大而增大，且增加的幅度要大于公办养老机构 B 服务供给量减少的幅度，相比于建设补贴前，养老服务总供给量大幅增长，即养老服务建设补贴促进养老服务供给量的增加。当前，每年财政对养老服务机构的建设投资补贴额度一般是既定的，且补贴申报的门槛过高，仅对有限的养老服务项目进行建设补贴，并对东部、中部、西部分别采取 20%～30%，50%～60%和 70%～80%的梯次补贴方式，补贴力度较小。将现行补贴标准与实际建设成本进行比较可以发现，政府对社会资本的建设补贴作用不够显著。因此，提高养老服务建设补贴力度将会大幅增加养老服务的市场供给量。

从建设投资补贴力度来看，对于公建民营养老机构，按其建设成本的 60%～75%的标准给予补贴，如 2014 年上海市《关于推进本市“十二五”期间养老机构建设的若干意见》中提到，以基本公共服务方式提供的机构养老服务，可以通过政府投资兴办、政府购买服务等方式实现。对于社区内的养老机构，建设补贴按照每张床位 16 万元核定，以建设投资成本的 75%给予每张床位一次性建设补贴且补贴上限为 12 万元。对于社会资本兴建的养老机构，计划试点 2 000 张床位，由政府建设财力按照核定建设成本 50%、最高不超过 8 万元的标准进行补助。部分地区的民办养老服务补贴政策规定，根据养老机构床位规模和政府公共财政支出，给予一次性财政补贴，例如 2016 年北京市民政局的规定，对民办养老机构的床位建设给予 4 万～5 万元/张的补贴标准。实际上，根据民政部门的统计，各地区民办养老机构的单位床位建设投资差距较大，东部地区 30 万～50 万元/张，中部地区 20 万～35 万元/张，西部地区8 万～20 万元/张。相较于养老机构床位的实际投资建设成本，很多地区现行的床位建设补贴力度相对较小，这对于调动社会资本进入养老服务领域的积极性和建设投资成本的补偿效果而言明显不够。对北京市建设成本补贴的统计结果进行分析发现，北京市建设成本低于平均水平 50%的养老机构所获得的单位床位建设补贴力度最高为 15%，最低为 0.5%，养老机构的平均建设补贴比例不到 10%。根据各地区民政部门的统计数据，当前政府对民办养老机构的建设补贴在建设投资规模中的占比非常低，这对于社会资本进入养老服务市场不具有足够的吸引力。

由图 3.1—图 3.4 可知，政府对民办养老机构财政补贴力度的增加，使得民办养老机构的养老服务市场供给量大幅提升，同时，政府提高对民办养老机构的建设补贴力度，从而降低了养老机构的建设成本风险，调动了社会资本参与养老服务产业的积极性，也增加了养老服务市场的有效供给量，这是财政补贴政策效应的体现。受政府财政预算的限制，当政府增加对民办养老机构财政补贴的同时，相应地会减少对公办养老机构的财政投入，这便导致公办养老机构的养老服务供给量减少。但是，根据本书的分析，民办养老机构养老服务供给量增加的幅度远大于公办养老机构供给量减少的幅度。总的来说，养老服务市场总供给量随着政府对民办机构补贴力度的增加而增大。

在有限的财政预算约束下，政府可以通过提高财政补贴配置的效率来实现养老服务市场的有效供给。在供给侧开放的养老服务市场中，政府增加对民办养老机构的财政扶持，对建设补贴和运营补贴的乘数效应进行对比分析，选择补贴效应较高的方式来促进养老服务市场的发展。另外，公办养老机构的市场竞争力较弱，因此公办养老机构在养老服务市场中不应占有较大的比重[206]，政府应减少对公办养老服务的直接投资，若政府增加对民办养老机构的财政补贴，并提高财政补贴力度，将会引导社会资本进入养老服务业，并形成一定规模的市场化服务供给，这对于公办养老机构将产生较大的替代效应。由于规模效应，这种替代性随着边际成本的降低而逐渐增大，民办养老服务的市场供给将进一步大幅提升，从而降低社会养老保障对政府公共财政支出的依存度，缓解养老服务市场的供需矛盾。

3.5.3　补贴乘数对养老服务均衡供给量的影响

本章分析了两种不同的财政补贴方式：运营补贴和建设补贴。根据式(3.15)和式(3.16)，两种补贴方式的政策效应是不同的。在综合考虑各方面权益的前提下，选择乘数较高的补贴组合可以使得财政补贴效率更高，因此进一步探讨养老服务财政补贴方式对市场供给量的影响程度，对制定财政补贴政策具有指导作用。本节基于养老服务财政补贴的政策效应，考虑补贴乘数大小，对比分析补贴政策实施前后服务市场均衡供给量的变化程度。随着运营补贴力度 T_1 和建设补贴力度 T_2 的变化，养老服务运营补贴乘数 K_1 和建设补贴乘数 K_2 的变化情况如图 3.5 所示。

由图 3.5 可知，随着养老服务运营补贴力度 T_1 的提高，运营补贴乘数 K_1 逐渐降低。养老服务的运营补贴乘数效应较小，单位养老服务运营补贴力度增加不能促进民办机构养老服务供给量的成倍增加，说明运营补贴的效果并不明显。当社会资本进入养老服务市场后，民办养老机构的运营管理决策更具灵

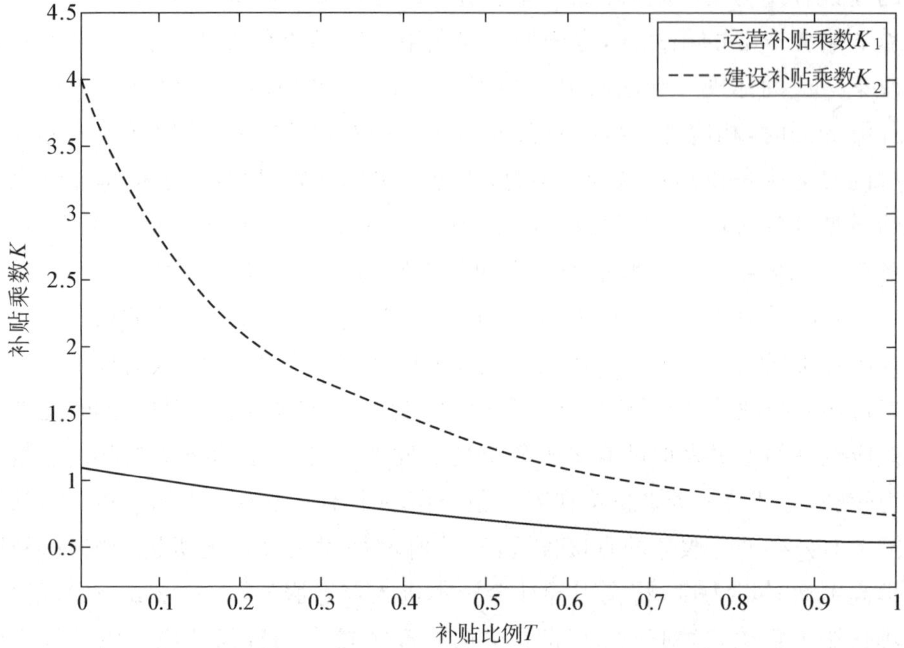

图 3.5 运营补贴乘数 K_1 与建设补贴乘数 K_2 的变化情况

活性和科学性,能够在一定时期内达到预期收益,因此,运营补贴的政策效应相对较低。由图 3.5 可知,$K_2 > K_1$,即每单位建设补贴力度 T_2 能够带来供给量的成倍增加,且其乘数效应明显优于运营补贴。养老服务机构具有高投资、慢收益的特点,导致追逐利益的社会资本对养老服务业是望而却步的。因此,政府对民办养老服务机构进行建设补贴可以降低社会资本的投资风险,并大大提升社会资本助推养老服务业的积极性,使养老服务市场的有效供给得以增加。

由图 3.5 可知,随着政府财政补贴力度的增加,建设补贴和运营补贴乘数均逐渐降低。这是由于财政补贴政策是短期的激励政策,引导社会资本进入养老服务市场,在养老机构运营初期不能自负盈亏时,政府予以财政补贴,以促进机构盈利,当养老机构达到预期收益后,可适当降低补贴比例。若短期财政补贴政策长期化,将难以分离出企业的真实经营收益,社会资本也不能发挥自身优势,如此会削弱市场竞争的调控功能,影响市场调节机制的充分发挥,最终导致财政资金投入无法达到既定效果。若补贴力度过大,则会加剧财政收支矛盾,扩大政府管控的领域,使得公办养老机构供给量大大减少,进而导致财政补贴的政策效应大幅下降。作为政府财政的转移性支出，养老服务财政补贴政策对养老服务社会福利的增加具有重要作用。财政补贴的乘数效应则为优化政府对民办养老机构的补贴方式提供了理论依据。

3.5.4　替代因子对市场均衡供给量的影响

公办和民办养老机构的服务差异性使得不同机构的服务之间具有相互替代作用，养老机构的服务供给不但受服务成本的影响，在一定程度上也受市场上其他服务供给主体的供给决策影响。本节使用两类机构养老服务的相互替代因子 ξ_A 和 ξ_B 来分析各供给主体供给量的相互影响程度，结果如图 3.6 和图 3.7 所示。

由图 3.6 和图 3.7 可知，民办养老机构 A 的养老服务均衡供给量 q_A 随替代因子 ξ_A 的增加而增加，随替代因子 ξ_B 的增大而减小，ξ_B 对养老服务均衡供给量 q_A 的影响作用大于 ξ_A。公办养老机构 B 的养老服务均衡供给量 q_B 随替代因子 ξ_A 的增加而减少，随替代因子 ξ_B 的增加而增加，ξ_A 对养老服务均衡供给量 q_B 的影响作用大于 ξ_B。

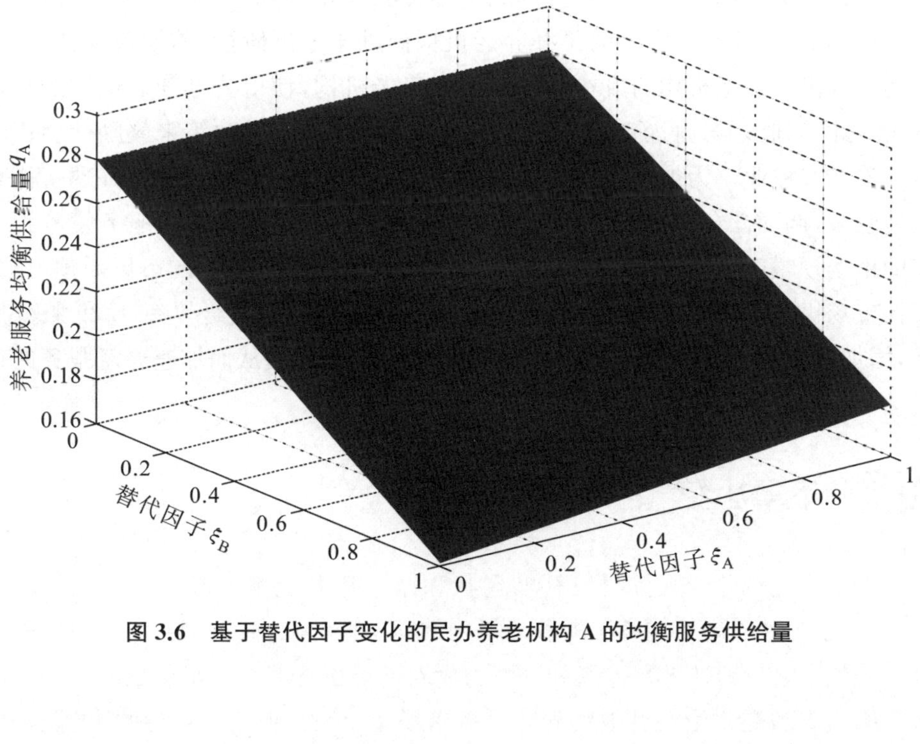

图 3.6　基于替代因子变化的民办养老机构 A 的均衡服务供给量

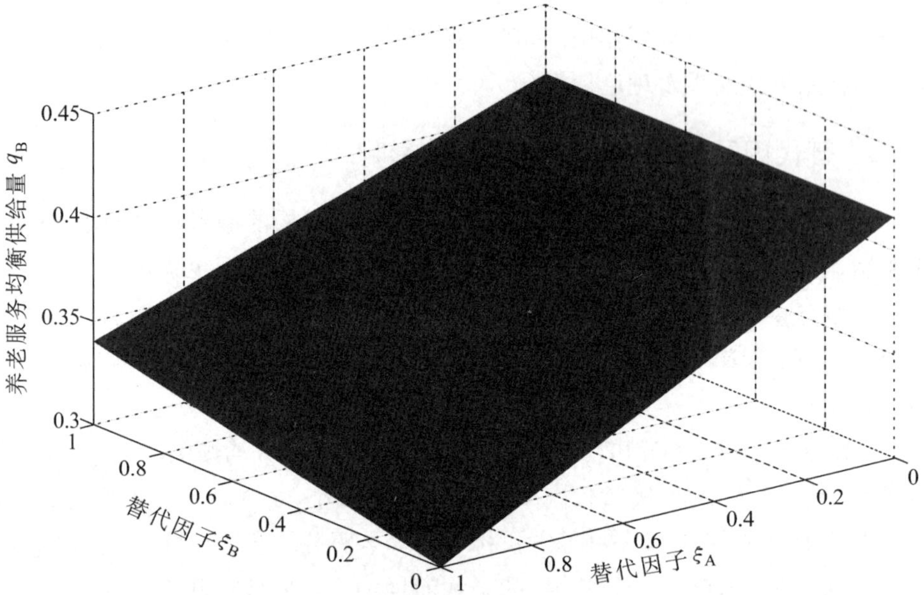

图 3.7　基于替代因子变化的公办养老机构 B 的均衡服务供给量

民办养老机构与公办养老机构除了存在服务差异外，更显著的区别体现在服务成本上。现阶段，中国的民办养老机构尚处于发展阶段，前期资金投入大，从而导致民办养老机构的成本远高于公办养老机构，使得公办养老机构的替代性也因此受到影响。目前，中国已出台了一系列财政补贴政策来鼓励社会资本进入养老服务业。为加大社会资本的投入力度，政府应进一步落实好现行优惠扶持政策，调动社会资本进入养老服务业的积极性。待社会养老服务发展到一定的市场规模时，政府可全面开放养老服务供给侧，减少政府的市场干预，充分发挥市场机制作用，通过养老服务市场竞争机制来提高供给效率，降低服务成本，增加民办养老服务对公办养老服务的市场替代作用，从而加速养老服务的市场化发展，解决养老服务市场供需量失衡问题。

3.6　本章小结

本章通过对养老服务财政补贴现状和差异化养老服务市场供给问题的研究，建立了公办养老机构和民办养老机构的动态博弈双寡头模型，通过引入财政补贴乘数来分析财政补贴方式和补贴力度对养老机构服务供给决策的影响。结果表明：首先，在供给侧开放的养老服务市场中，公办和民办养老机构的服务供给达到均衡状态，且养老服务市场均衡供给量与财政补贴力度及差异化服务的相互替代程度有关；其次，财政补贴提高了养老服务市场的有效供给，通过财政补贴乘数效应进一步分析得出，建设补贴乘数大于运营补贴乘数，即建设补贴方式可以更大程度地激励和吸引社会资本进入养老服务行业，并较大幅度地增加养老服务市场的供给量；最后，提高民办养老服务对公办养老服务的替代性，关键在于降低服务成本，民办养老机构在发展初期建设成本投入较高，政府财政扶持政策可以大幅度降低民办养老机构的投资风险。

通过研究分析，本章提出以下建议。

1. 优化财政资源配置效率，增加财政补贴力度，积极引导社会资本

政府为了发展养老服务事业，直接投资建设公办养老机构，并承担其运营费用，由此消耗了大量的政府财政资源，为有限的公共服务支出带来了财政压力，同时，也降低了财政资源配置效率，削弱了养老服务的市场竞争机制作用。随着政府职能转型，中国逐渐放开养老服务的市场化发展，当前养老服务产业正处于起步阶段，因此，政府应将养老服务财政支出更多地向市场化养老机构倾斜，以提高养老服务的财政补贴效率和养老服务的市场供给量。政府为民办养老机构提供良好的政策制度环境，以调动社会资本进入养老服务业，从而推动政府职能逐渐从养老服务的供给主体转变为养老服务市场化发展的引导者和监督者。

政府支持的公办养老机构对养老需求实现兜底保障，对经济困难不能自理的老年人提供养老服务，引导具有经济能力的老年人购买市场化服务。降低政府对养老服务的公共财政投入，准确界定民办和公办养老机构的服务对象和服务定位，实现错位发展。发挥财政投入的杠杆作用，扩大养老服务供给，引入竞争机制，加快养老服务的产业化发展，激发市场活力，提高财政资源配置效率和养老服务的有效供给。

2. 建立灵活、合理的养老服务财政补贴机制

建设补贴主要是激励性事前补贴模式，运营补贴是政府根据服务供给量进行的财政补贴方式。根据本章对补贴乘数的分析，政府可以采用混合补贴的方式，根据政府的财政状况，在机构建设期投入一定的资本作为对民办养老机构的财政补贴，在运营管理过程中，根据机构运营成本及社会对服务价格的负担能力，对民办机构进行财政补贴。另外，财政补贴模式并不是一成不变的，而是一个调剂的方案，当养老机构的服务盈利较差时，政府可通过财政补贴的方式来弥补其损失。政府和养老机构在服务供给中应定期评估现行补贴模式的合理性和实用性，必要时调整补贴模式。

建立灵活、合理的财政补贴机制。财政补贴对养老服务供需双方都会产生重要影响，且涉及整个社会的公共利益。财政补贴要逐步完成从补供方到供需结合补贴，最终到补需方的进程。补供方时，补贴与价格无关；补需方时，间接地提高了老年人的可支配收入，刺激养老服务消费市场，带动老年人群养老服务的有效需求，促进市场竞争，在服务需求者得到优质服务的同时，提高养老服务市场的整体供给效率，有利于深化中国财税体制改革，缓解政府财务压力。

3. 充分借鉴国外养老服务产业的发展经验

西方国家关于养老服务政策的制定和服务市场化发展的国际经验，对于中国养老服务体系的发展和完善具有一定的借鉴作用，但是每个国家的养老服务社会福利多元主义是在特有国情国策下产生的。中国在养老服务市场化发展的过程中，要坚持立足现有国情，适度“引进”国外先进理论，积极吸纳国外的优质资本和力量，加强学习国外的先进经验，促进民营养老服务市场供给侧开放。在鼓励国际资本参与中国养老服务市场发展的同时，要以养老服务的“社会福利性”为根本，杜绝社会福利私有化现象的发生。因此，为进一步加快我国养老服务业的发展，在特有的国情国策下，借鉴先进的国际养老服务发展经验，在此基础上再创造适应中国养老服务市场的独特发展方式。在政策引领、资本参与和收益可期的情况下，实现经济发展新常态下养老服务产业的顺利发展。

第4章

基于财政补贴的民办养老服务供给博弈分析

当前，中国的养老服务存在着供需量失衡和有效供需结构失衡的问题。对民办养老机构加大财政补贴力度将有助于缓解养老服务市场的供需量矛盾。然而，养老服务有效供需结构性矛盾仍待解决。本章基于养老服务财政补贴，同时考虑老年人服务偏好、补贴质量下限对养老服务质量的影响，构建理论模型，以期解决养老机构服务质量问题，缓解养老服务有效供需结构性矛盾。

4.1 问题来源

对民办养老机构加大财政补贴力度可以提高养老服务市场的供给量，提高财政资源配置效率，缓解养老财政负担。加大对民办社会资本进入养老机构的建设补贴力度，可以更大程度地吸引社会资本进入养老服务业，以增加养老服务的市场化供给。建设补贴吸引了社会资本进入养老服务业，缓解了供需量矛盾，但建设补贴是一次性的财政补贴，其对养老机构及服务市场的后续发展和服务供给的有效性影响较小。而运营补贴则对养老机构的服务供给决策具有持续性作用。相较于建设补贴的影响，养老机构服务供给决策在很大程度上取决于运营期的财政补贴力度，因此，养老服务供给的有效性取决于政府的运营补贴。另外，政府对公办养老机构在建设期和运营期都是全额补贴的。因此，文章将聚焦运营补贴与民办养老机构服务供给之间的关系。需要说明的是，本章中提到的养老机构均为民办养老机构。

政府对养老机构进行补贴可以增加养老服务供给，有效缓解养老服务供给量矛盾，但养老服务有效供需结构性矛盾依然存在。事实上，近十年养老机构的床位数虽逐年递增，但床位使用率却一直不高（表1.5），这说明养老服务市场供给的有效性不足问题出现已久，却一直未得到有效解决。究其原因，主要是当前养老服务市场尚处于起步阶段，虽然市场化供给已成为养老服务的主要供给主体，但大部分养老服务机构仍因运营管理有效性低、护理人员不够专业等原因，导致养老服务市场供给质量水平相对较低，无法满足老年人的有效需求，服务市场供需结构性矛盾突出。在养老服务供给中，服务质量是养老服务需求者最为关心的问题之一，它直接影响整个服务市场的发展。在财政补贴中，为了提高服务供给的有效性和财政补贴配置效率，政府需要制定相应的政策来对养老服务质量进行管理。因此，本章提出通过设定财政补贴质量下限，对满足服务质量的养老机构实施财政补贴政策，以此提高养老服务质量，缓解养老服务供需结构性矛盾，进一步完善养老服务市场健康发展的政策制度。

养老机构的财政补贴力度与养老机构的性质有关，现有财政补贴对各类型养老服务机构采取一视同仁的补贴标准。事实上，养老服务质量方面存在的问题较大，只有更好地提高养老服务质量，满足老年人服务需求才能实现经济效益和社会效益。因此，在财政补贴方面，政府应向高水平、高质量的养老服务机构倾斜，最终形成质量优先的养老服务业发展格局[207]。对于市场化养老服务的财政补贴，政府需要依据服务质量评估结果，调整及优化财政补贴机制。研究发现，财政补贴的成本补偿机制与养老机构的服务质量直接相关，不同阶段的补贴方式及补贴力度的适当与否，会对养老机构产生正负不同的激励。通过对养老服务质量的分析将有利于提高财政补贴的投入效果和公共服务资源的配置效率。提高养老机构的服务质量已成为政府非常紧迫的一项议题，它不仅影响老年人的服务效用和服务满意度，还对公共财政资源的配置效率和财政补贴政策效果具有直接影响[208]。

“在财政补贴能够提升服务供给量的基础上，为提高养老服务质量，政府如何设定合理的财政补贴质量下限，提高服务供给的有效性？与之相应的是，养老服务机构如何应对决策?”针对这样一个亟待解决的供需结构性难题，本章考虑老年人服务偏好、政府补贴质量下限对财政补贴和养老机构服务质量的影响，构建政府和具有服务质量差异化的养老机构的三阶段博弈决策模型，并对博弈模型进行推理演绎和实例分析，以探究消费者服务偏好和补贴质量下限的变化对财政补贴力度、服务质量等均衡结果的影响，为政府建立财政补贴机制、养老机构制定服务供给质量决策提供有效的参考依据。

4.2 模型建立

为了加强养老服务市场的规范化发展，民政部等部门联合印发《关于加强养老服务标准化工作的指导意见》，通过建立养老服务市场的规范化标准体系，以提高养老服务市场的整体供给质量。我国在 2014 年和 2015 年共确定了 12 个养老服务标准化试点，促进了养老服务市场在服务设施、护理人员、运营管理等方面的规范化、标准化发展。政府要积极完善养老服务标准体系，促进市场提供更为质优价廉的养老服务，在此基础上，鼓励养老市场提供个性化、差异化的服务，进一步实现部分老年人的多层次服务需求。促进养老市场供给主体的多元化，在财政补贴机制下，提升服务供给有效性以契合养老服务市场的需求。

4.2.1　模型描述

我国在养老服务市场化的起步阶段，政府的养老政策更注重于如何引导和激励社会资本进入养老服务领域，以提高养老服务市场的供给量，缓解中国养老服务供需量的矛盾。随着较多的社会资本进入养老服务业，市场供给量有所提高，政府养老政策的焦点也逐渐转向提高养老服务质量和供给有效性，以期进一步解决养老服务有效供需的结构性矛盾，促进养老服务的现代化发展。在公共财政预算支出有限的情况下，根据财政补贴质量下限、老年人服务满意度和机构评估结果来调整财政补贴政策，从而提升养老服务质量与老年人服务需求的匹配度。

为了探究政府财政补贴与养老机构服务质量的博弈关系，本章首先分析养老服务市场中具有代表性的养老机构、老年消费者、政府等各类主体的特点。

(1) 在财政补贴机制下，不同的养老机构采取不同的服务供给策略。市场上一般有两类养老服务机构：一类是提供低质量服务的养老机构(养老机构 1)，它们往往只关注市场平均质量水平，只要服务质量达到养老服务市场的平均质量水平即可；另一类是主动供给高质量服务的养老机构(养老机构 2)，除了要求服务质量达到市场平均水平以外，还注重是否达到财政补贴质量下限，对自身养老服务质量的要求较高，会定期对护理人员进行培训，更新服务设施等。这些高质量的养老机构能够积极提升养老服务市场的平均服务质量水平。总的来说，养老机构 2 所提供的养老服务质量水平比养老机构 1 要高。本章中称养老机构 2 提供的服务为高质量服务，养老机构 1 提供的服务为低质量服务。假设养老机构 1 的服务质量为 α_1，养老机构 2 的服务质量为 α_2。另外，高质量服务意味着高成本，因此养老机构 2 的服务成本 c_2 高于养老机构 1 的服务成本 c_1。养老机构 1 和养老机构 2 的服务价格分别为 p_1 和 p_2。

(2) 就消费者服务质量偏好而言，市场上各类消费者的服务质量偏好本身就存在差异，政府在对养老机构进行补贴时，消费者的服务质量偏好对养老服务供给质量及供给有效性会产生重要影响。在一些情况下，政府纵然对某个高质量养老机构提供了大量补贴，但因为老年消费者服务质量偏好不高，可能导致该养老机构仍然缺乏市场竞争力。通过对老年消费者服务偏好的分析发现，有的老年消费者对服务质量有极大的偏好，愿意为高质量服务支付较高的服务费，有的老年消费者则对服务质量的高低不关心。本章用 λ 表示老年人对服务质量的满意度，用 t 表示老年人每增加一个单位的服务满意度愿意支付的费用，即 t 为老年人服务偏好支付系数。

(3) 就政府而言，为了降低养老服务的高投资、低回报等风险，降低机构的运营成本，同时促进养老服务市场提供更高质量的服务，便会给予机构一定的财政补贴，以推动养老服务业良性发展。然而，为了避免由于养老机构降低服务水平和服务质量导致财政补贴效果减少，政府只对服务质量超过某个水平的养老机构给予补贴。政府设定养老服务财政补贴的质量下限为 $\underline{\alpha}$，只有当养老机构的服务质量达到并超过 $\underline{\alpha}$ 时，政府才对其进行补贴。由于不同的养老服务机构的服务质量存在差异性，用 α_0 表示养老服务市场的最低服务质量，由此可知，$\alpha_0 < \underline{\alpha}$。

综合以上分析，本章讨论由政府和两类提供不同服务质量的养老机构组成的养老服务供应链系统。政府以单位养老服务对养老机构进行运营补贴，养老机构根据补贴力度决定其服务供给量、服务质量及服务价格。本章所研究的是：在养老服务供应链管理中，考虑政府补贴质量下限、老年人服务偏好、市场竞争等因素，建立政府与养老机构间的三阶段博弈模型，讨论政府和养老机构之间的博弈关系，在财政补贴机制下，分析老年人服务偏好、财政补贴下限、老年人偏好支付系数的变化对政府财政补贴效用、机构服务质量及服务定价的影响。

第一阶段：政府确定单位养老服务补贴比例。

第二阶段：养老机构 1 和养老机构 2 确定各自的养老服务质量。

第三阶段：养老机构 1 和养老机构 2 确定各自的服务价格。

4.2.2 模型假设

假设 1：政府对养老机构的补贴力度往往与养老服务质量有关[151, 209, 210]，养老机构 1 的服务质量 $\alpha_1 \leqslant \underline{\alpha}$，养老机构 2 的服务质量 $\alpha_2 \geqslant \underline{\alpha}$，且 $\alpha_i \geqslant \alpha_0$，$i=1, 2$。因此，养老机构的服务质量关系有 $\alpha_0 \leqslant \alpha_1 \leqslant \underline{\alpha} \leqslant \alpha_2$。设两类养老机构的养老服务价格分别为 p_1 和 p_2。

假设 2：养老服务财政补贴力度并不是一成不变的，而是一个调剂的方案。政府根据养老机构服务质量的定期评估结果来调整补贴力度。设 T 为政府确定的单位服务补贴力度，当 $\alpha_i > \underline{\alpha}$ 时，$T_i = u(\alpha_i - \underline{\alpha})$，$i=1, 2$；当 $\alpha_i \leqslant \underline{\alpha}$ 时，

$T_i=0$，$i=1, 2$。其中，u 是单位养老服务补贴调整因子，且 $u \geqslant 0$，$T_i \leqslant 1$。

假设 3：受收入水平和身体状况的影响，老年人的养老服务偏好存在差异，用 λ 表示老年人对服务质量的满意度，且 λ 服从均匀分布，即 $\lambda \sim [\lambda_0, \lambda_1]$，$\lambda_0$ 表示老年人购买低质量和高质量服务没有差异，λ_1 表示老年人倾向于购买高质量的养老服务。同时，设老年人每增加一个单位的服务满意度愿意支付的费用为 t，即 t 为老年人服务偏好支付系数，当 $p_1+t(\lambda-\lambda_0)+p_2u(\alpha_2-\underline{\alpha})=p_2$ 时，老年人才愿意购买高质量的养老服务。故存在一个 λ^*，使得老年人对高质量服务和低质量服务的偏好相等，即

$$\lambda^*=\frac{p_2-p_1-p_2u(\alpha_2-\underline{\alpha})}{t}+\lambda_0 \tag{4.1}$$

假设 4：在财政补贴和市场竞争条件下，养老机构 1 和养老机构 2 都会努力提升其服务质量和供给有效性，如增加护理人员培训、改善养老服务设施等，由此导致服务成本增加。假设相应增加的服务成本与服务质量提升呈二次方关系[159, 211, 212]，即 $c_i'=\theta_i(\alpha_i-\alpha_0)^2$，其中 θ_i 为养老机构提升服务质量的成本系数，$i=1, 2$。

假设 5：在市场竞争体制下，社会养老机构拥有先进的技术管理人员和科学的管理决策体系，因此能够寻求最佳的效率组合。养老机构在长期的科学运营管理下，保持养老服务质量的同时能够带来一定程度的边际服务成本下降。假设在保持养老服务质量长期不变的同时，养老机构 1和养老机构 2 缩减的单位养老服务成本分别是 $\beta_1(\alpha_1-\alpha_0)$ 和 $\beta_2(\alpha_2-\alpha_0)$，其中 β_1 和 β_2 是单位养老服务成本下降系数。

假设 6：假设养老服务市场的需求量为 1，其中高质量养老服务的市场的需求量为 q_2，则低质量养老服务的市场需求量 $q_1=1-q_2$。

假设 7：政府对养老服务财政补贴的收益 π_G 是老年人的养老服务效用 U 与养老机构收益之和，再减去政府对养老机构的财政补贴支出。设养老机构 1 和养老机构 2 的收益分别为 π_1 和 π_2。

本章使用的符号及其说明如表 4.1 所列。

表 4.1　本章中使用的符号及其说明

符号	说明
α_0	养老服务市场的最低质量水平
$\underline{\alpha}$	财政补贴质量下限
α_1	养老机构 1 的服务质量水平

（续表）

符号	说明
α_1	养老机构 2 的服务质量水平
c_1	养老机构 1 的单位养老服务成本
c_2	养老机构 2 的单位养老服务成本
λ	老年人对单位服务质量的满意度
t	老年人单位服务偏好支付系数
T	单位养老服务的政府补贴力度
u	单位养老服务补贴调整因子
λ_0	老年人对服务质量的低偏好
λ_1	老年人对服务质量的高偏好
p_1，p_2	养老机构 1 和养老机构 2 的单位服务价格
θ_1，θ_2	养老机构 1 和养老机构 2 的单位服务质量成本系数
β_1，β_2	养老机构 1 和养老机构 2 的单位服务成本降低系数
q_1，q_2	养老机构 1 和养老机构 2 的市场需求量
U_1，U_2	老年人购买养老机构 1 和养老机构 2 的服务所获得的效用
π_G	政府财政补贴收益函数
π_1，π_2	养老机构 1 和养老机构 2 的收益函数

4.2.3 模型建立

根据以上假设，当老年人购买养老机构 1 提供的服务时，所获得的服务效用为

$$\begin{aligned} U_1 &= \int_{\lambda_0}^{\lambda^*} \frac{t(\lambda-\lambda_0)-p_1}{\lambda_1-\lambda_0}\mathrm{d}\lambda \\ &= \frac{p_2^2[1-u(\alpha_2-\underline{\alpha})]^2}{2t(\lambda_1-\lambda_0)} + \frac{3p_1^2-4p_1p_2(1-u)(\alpha_2-\underline{\alpha})}{2t(\lambda_1-\lambda_0)} \end{aligned} \tag{4.2}$$

当老年人购买养老机构 2 提供的服务时，所获得的服务效用为

$$\begin{aligned} U_2 &= \int_{\lambda^*}^{\lambda_1} \frac{t(\lambda-\lambda_0)-p_2+p_2u(\alpha_2-\underline{\alpha})}{\lambda_1-\lambda_0}\mathrm{d}\lambda \\ &= \frac{t(\lambda_1-\lambda_0)}{2} - p_2[1-u(\alpha_2-\underline{\alpha})] + \frac{p_2^2[1-u(\alpha_2-\underline{\alpha})]^2-p_1^2}{2t(\lambda_1-\lambda_0)} \end{aligned} \tag{4.3}$$

高质量服务的市场需求量为 q_2，低质量服务的市场需求量为 $q_1=1-q_2$，有

$$q_2=1\times\int_{\lambda^*}^{\lambda_1}\frac{1}{\lambda_1-\lambda_0}\mathrm{d}\lambda=1-\frac{\lambda^*-\lambda_0}{\lambda_1-\lambda_0}=1-\frac{p_2-p_1-p_2u(\alpha_2-\underline{\alpha})}{t(\lambda_1-\lambda_0)}$$

$$=1+\frac{p_1}{t(\lambda_1-\lambda_0)}-\frac{1-u(\alpha_2-\underline{\alpha})}{t(\lambda_1-\lambda_0)}p_2 \tag{4.4}$$

令 $a=1+\dfrac{p_1}{t(\lambda_1-\lambda_0)}$，$b=\dfrac{1-u(\alpha_2-\underline{\alpha})}{t(\lambda_1-\lambda_0)}$

则

$$q_2=a-bp_2 \tag{4.5}$$

养老机构 1 和养老机构 2 的收益函数分别为

$$\pi_1=[p_1-c_1+\beta_1(\alpha_1-\alpha_0)](1-q_2)-\theta_1(\alpha_1-\alpha_0)^2 \tag{4.6}$$

$$\pi_2=[p_2-c_2+\beta_2(\alpha_2-\alpha_0)+p_2u(\alpha_2-\underline{\alpha})]q_2-\theta_2(\alpha_2-\alpha_0)^2 \tag{4.7}$$

将式(4.4)代入式(4.6)，得到养老机构 1 的收益函数为

$$\pi_1=[p_1-c_1+\beta_1(\alpha_1-\alpha_0)]\left[-\frac{p_1}{t(\lambda_1-\lambda_0)}+\frac{1-u(\alpha_2-\underline{\alpha})}{t(\lambda_1-\lambda_0)}p_2\right]-\theta_1(\alpha_1-\alpha_0)^2 \tag{4.8}$$

将式(4.4)代入式(4.7)，得到养老机构 2 的收益函数为

$$\pi_2=[p_2-c_2+\beta_2(\alpha_2-\alpha_0)+p_2u(\alpha_2-\underline{\alpha})]\left[1+\frac{p_1}{t(\lambda_1-\lambda_0)}-\frac{1-u(\alpha_2-\underline{\alpha})}{t(\lambda_1-\lambda_0)}p_2\right]-\theta_2(\alpha_2-\alpha_0)^2 \tag{4.9}$$

政府的财政收益为社会总福利，即老年人购买养老服务所获得的效用与养老机构的服务供给收益之和减去政府财政补贴支出。老年人选择养老机构 1 的服务所获得的效用为 U_1，选择养老机构 2 的服务所获得的效用为 U_2。养老机构 1的收益函数为 π_1，养老机构 2 的收益函数为 π_2。由于养老机构 2 的服务质量 $\alpha_2\geqslant\underline{\alpha}$，因此，政府财政对养老机构 2 的单位服务补贴力度为 $T_2=u(\alpha_2-\underline{\alpha})$，养老机构所获得的财政补贴总额为 $p_2u(\alpha_2-\underline{\alpha})q_2$。那么，政府财政补贴的收益函数为

$$\pi_G=U_1+U_2+\pi_1+\pi_2-p_2u(\alpha_2-\underline{\alpha})q_2 \tag{4.10}$$

4.3 模型求解

根据上述分析,利用逆向归纳法对模型进行求解。

4.3.1 第三阶段:两个养老机构确定各自的最优均衡价格

对式(4.8)和式(4.9)分别求关于 p_1 和 p_2 的一阶导数,得到

$$\frac{\partial\pi_1}{\partial p_1}=\left[-\frac{p_1}{t(\lambda_1-\lambda_0)}+\frac{1-u(\alpha_2-\underline{\alpha})}{t(\lambda_1-\lambda_0)}p_2\right]-\frac{1}{t(\lambda_1-\lambda_0)}[p_1-c_1+\beta_1(\alpha_1-\alpha_0)] \tag{4.11}$$

令 $\frac{\partial\pi_1}{\partial p_1}=0$,得 $p_1=\frac{1-u(\alpha_2-\underline{\alpha})}{2}p_2+\frac{c_1-\beta_1(\alpha_1-\alpha_0)}{2}$ (4.12)

$$\frac{\partial\pi_2}{\partial p_2}=[1+u(\alpha_2-\underline{\alpha})]\left[1+\frac{p_1}{t(\lambda_1-\lambda_0)}-\frac{1-u(\alpha_2-\underline{\alpha})}{t(\lambda_1-\lambda_0)}p_2\right]-\frac{1-u(\alpha_2-\underline{\alpha})}{t(\lambda_1-\lambda_0)}[p_2-c_2+\beta_2(\alpha_2-\alpha_0)+p_2u(\alpha_2-\underline{\alpha})] \tag{4.13}$$

令 $\frac{\partial\pi_2}{\partial p_2}=0$,得 $p_2=\frac{t(\lambda_1-\lambda_0)+p_1}{2[1-u(\alpha_2-\underline{\alpha})]}+\frac{c_2-\beta_2(\alpha_2-\alpha_0)}{2[1+u(\alpha_2-\underline{\alpha})]}$ (4.14)

联立方程(4.12)和方程(4.14),经整理得到养老机构 1 和养老机构 2的最优均衡价格为

$$p_1^*=\frac{t(\lambda_1-\lambda_0)}{3}+\frac{2[c_1-\beta_1(\alpha_1-\alpha_0)]}{3}+\frac{[1-u(\alpha_2-\underline{\alpha})][c_2-\beta_2(\alpha_2-\alpha_0)]}{3[1+u(\alpha_2-\underline{\alpha})]} \tag{4.15}$$

$$p_2^*=\frac{2t(\lambda_1-\lambda_0)}{3[1-u(\alpha_2-\underline{\alpha})]}+\frac{2[c_2-\beta_2(\alpha_2-\alpha_0)]}{3[1+u(\alpha_2-\underline{\alpha})]}+\frac{c_1-\beta_1(\alpha_1-\alpha_0)}{3[1-u(\alpha_2-\underline{\alpha})]} \tag{4.16}$$

由式(4.15)和式(4.16)可得如下结论：

结论1：提供低质量服务的养老机构1通过其他措施（如提高管理水平、改善运营机制等）提升服务质量而获得的成本降低率 β_1 越高，且其服务边际成本 c_1 越低，则高质量的服务和低质量的服务价格差异就越大。

实际上，提供低质量服务的养老机构往往更注重经济效益，比如，多接收自理能力较强的老人，聘用专业度较低的护理人员，配备较少的养老服务设施，这些都会导致单位养老服务所减少的边际成本越来越多，且养老服务价格越来越低。在养老机构2的服务价格相对稳定的情况下，使得低质量服务和高质量服务的价格差异越来越大，结果是两类养老机构专注于各自的细分市场：养老机构1靠低价取胜，养老机构2靠较高的服务质量赢得市场供给份额。

结论2：老年人的养老服务支付意愿 t 提高，低质量和高质量养老服务的价格均会提高。

老年人的养老服务支付意愿提高，表明老年人对养老机构的服务质量偏好提高，这在一定程度上也意味着老年人消费支付能力的提高和消费观念的转变。养老支付意愿提高，使得老年人对养老服务的潜在需求更容易成为有效需求，无论是低质量服务还是高质量服务，越来越多的老年人根据自身的实际需求购买不同质量的养老服务，使得老年人对养老服务市场的需求有所增加。因此，低质量和高质量服务的市场需求绝对数量增加，根据养老机构的市场需求函数，两类养老机构的服务价格均会有所提高。

结论3：养老服务市场最低服务质量水平 α_0 增大，低质量养老服务和高质量养老服务的服务价格均会提高。

这是因为：

$$\frac{\partial p_1^*}{\partial \alpha_0}=\frac{2\beta_1}{3}+\frac{\beta_2[1-u(\alpha_2-\underline{\alpha})]}{3[1+u(\alpha_2-\underline{\alpha})]}>0 \tag{4.17}$$

$$\frac{\partial p_2^*}{\partial \alpha_0}=\frac{\beta_1}{3[1-u(\alpha_2-\underline{\alpha})]}+\frac{2\beta_2}{3[1+u(\alpha_2-\underline{\alpha})]}>0 \tag{4.18}$$

因此，p_1^* 和 p_2^* 随着市场最低服务质量水平 α_0 的增大而增大，在其他条件不变的情况下，若整个市场的最低服务质量水平 α_0 增加，则整个市场内所有养老服务的价格均会提高。

事实上，养老市场的最低质量水平上升，意味着市场整体的养老机构都需要采取一定的措施来达到服务质量水平的提升，例如，增加护理员工的培训、更新或增加服务设施、提升个性化服务等。由于服务成本与服务质量具有正相关关系，因此，养老服务机构的运营管理成本也会提高。鉴于社会资本的“逐利性”，故养老机构会相应地提高养老服务价格，如此养老服务市场整体价格水平就会提高。

根据式(4.15)、式(4.16)和式(4.5)，将 p_1^* 和 p_2^* 代入 $q_2=a-bp_2$ 中，可以得到两类养老机构的服务最优供给：

$$q_2^* = \frac{2t(\lambda_1-\lambda_0)+[c_1-\beta_1(\alpha_1-\alpha_0)]}{3t(\lambda_1-\lambda_0)} - \frac{[1-u(\alpha_2-\underline{\alpha})][c_2-\beta_2(\alpha_2-\alpha_0)]}{3t(\lambda_1-\lambda_0)[1+u(\alpha_2-\underline{\alpha})]} \tag{4.19}$$

$$q_1^* = \frac{t(\lambda_1-\lambda_0)-[c_1-\beta_1(\alpha_1-\alpha_0)]}{3t(\lambda_1-\lambda_0)} + \frac{[1-u(\alpha_2-\underline{\alpha})][c_2-\beta_2(\alpha_2-\alpha_0)]}{3t(\lambda_1-\lambda_0)[1+u(\alpha_2-\underline{\alpha})]} \tag{4.20}$$

式(4.19)和式(4.20)分别对 α_0 求一阶导数，得到：

$$\frac{\partial q_1^*}{\partial \alpha_0} = \frac{-\beta_1}{3t(\lambda_1-\lambda_0)} + \frac{\beta_1[1-u(\alpha_2-\underline{\alpha})]}{3t(\lambda_1-\lambda_0)[1+u(\alpha_2-\underline{\alpha})]} \tag{4.21}$$

$$\frac{\partial q_2^*}{\partial \alpha_0} = \frac{\beta_1}{3t(\lambda_1-\lambda_0)} - \frac{\beta_2[1-u(\alpha_2-\underline{\alpha})]}{3t(\lambda_1-\lambda_0)[1+u(\alpha_2-\underline{\alpha})]} = -\frac{\partial q_1^*}{\partial \alpha_0} \tag{4.22}$$

由式(4.21)和式(4.22)可得如下结论：

结论 4：若养老服务市场的最低服务质量水平 α_0 发生变化，会引起两类养老机构的服务供给量发生变化，而且这种变化的趋势与服务成本降低率的比值 (β_1/β_2) 有关。

当 $\dfrac{\beta_1}{\beta_2}<\dfrac{1-u(\alpha_2-\underline{\alpha})}{1+u(\alpha_2-\underline{\alpha})}$ 时，$\dfrac{\partial q_1^*}{\partial \alpha_0}>0$，$\dfrac{\partial q_2^*}{\partial \alpha_0}<0$，$\alpha_0$ 越大，低质量养老服务的市场份额 q_1^* 越大，高质量养老服务的市场份额 q_2^* 越小；α_0 越小，低质量养老服务的市场份额 q_1^* 越小，高质量养老服务的市场份额 q_2^* 越大。

当 $\dfrac{\beta_1}{\beta_2}=\dfrac{1-u(\alpha_2-\underline{\alpha})}{1+u(\alpha_2-\underline{\alpha})}$ 时，$\dfrac{\partial q_1^*}{\partial \alpha_0}=0$，$\dfrac{\partial q_2^*}{\partial \alpha_0}=0$，两种养老服务的市场份额 q_1^*，q_2^* 的大小与 α_0 无关。

当 $\dfrac{\beta_1}{\beta_2}>\dfrac{1-u(\alpha_2-\underline{\alpha})}{1+u(\alpha_2-\underline{\alpha})}$ 时，$\dfrac{\partial q_1^*}{\partial \alpha_0}<0$，$\dfrac{\partial q_2^*}{\partial \alpha_0}>0$，$\alpha_0$ 越大，低质量养老服

务的市场份额 q_1^* 越小，高质量养老服务的市场份额 q_2^* 越大；α_0 越小，低质量养老服务的市场份额 q_1^* 越大，高质量养老服务的市场份额 q_2^* 越小。

事实上，养老机构 1 提供的养老服务质量较低，特别注重能带来直接经济效益的管理措施，例如，接收自理能力较高的老年人、聘用专业度较低的服务人员等，使得养老机构 1 的成本降低率 β_1 往往大于养老机构 2 的成本降低率 β_2，即 $\beta_1 \geqslant \beta_2$。由此，在实际的养老服务市场中有 $\dfrac{\beta_1}{\beta_2} \geqslant 1 \geqslant \dfrac{1-u(\alpha_2-\underline{\alpha})}{1+u(\alpha_2-\underline{\alpha})}$。所以，提高养老服务市场的最低质量水平 α_0，会相应地提高养老机构 1 的服务质量，然而服务质量提高会导致服务价格上升，根据消费者服务效用和服务替代效应，市场中对低质量服务的需求就会下降，对高质量服务的需求会上升，这使得高质量服务的市场供给份额增加。这种情况对于提高养老服务市场的有效供给和改善养老服务质量是有利的。

4.3.2　第二阶段：两个养老机构确定各自的最优服务质量水平

结合式(4.8)、式(4.9)和式(4.10)，得到：

$$\pi_1^* = [p_1^* - c_1 + \beta_1(\alpha_1 - \alpha_0)](1 - q_2^*) - \theta_1(\alpha_1 - \alpha_0)^2 \tag{4.23}$$

$$\pi_2^* = [p_2^* - c_2 + \beta_2(\alpha_2 - \alpha_0) + p_2^* u(\alpha_2 - \alpha_0)]q_2^* - \theta_2(\alpha_2 - \alpha_0)^2 \tag{4.24}$$

$$\pi_G^* = U_1 + U_2 + \pi_1^* + \pi_2^* - p_2^* u(\alpha_2 - \alpha_0) q_2^* \tag{4.25}$$

式(4.23)和式(4.24)分别对 α_1 和 α_2 求一阶导数，得到：

$$\frac{\partial \pi_1^*}{\partial \alpha_1} = \left(\frac{\partial p_1^*}{\partial \alpha_1} + \beta_1\right)(1 - q_2^*) + [p_1^* - c_1 + \beta_1(\alpha_1 - \alpha_0)]\left(-\frac{\partial q_2^*}{\partial \alpha_1}\right) - 2\theta_1(\alpha_1 - \alpha_0) \tag{4.26}$$

$$\frac{\partial \pi_2^*}{\partial \alpha_2} = \left[\frac{\partial p_2^*}{\partial \alpha_1} + \beta_2 + \frac{\partial p_2^*}{\partial \alpha_1} u(\alpha_2 - \alpha_0) + p_2^* u\right] q_2^* + [p_2^* - c_2 + \beta_2(\alpha_2 - \alpha_0) + p_2^* u(\alpha_2 - \alpha_0)] \frac{\partial q_2^*}{\partial \alpha_2} - 2\theta_2(\alpha_2 - \alpha_0) \tag{4.27}$$

分别令式(4.26)和式(4.27)等于零，得到：

$$\alpha_1^* = \alpha_0 + \frac{\beta_1}{9\theta_1 t(\lambda_1 - \lambda_0) - \beta_1^2}\left\{t(\lambda_1 - \lambda_0) - c_1 + \frac{[1 - u(\alpha_2 - \alpha_0)][c_2 - \beta_2(\alpha_2 - \alpha_0)]}{1 + u(\alpha_2 - \alpha_0)}\right\} \tag{4.28}$$

$$\alpha_2^* \text{ 满足 } \frac{2u[2t(\lambda_1-\lambda_0)+c_1-\beta_1(\alpha_1^*-\alpha_0)]+\beta_2}{3[1-u(\alpha_1^*-\underline{\alpha})]^2}\times q_2^*-2\beta_2(\alpha_2^*-\alpha_0)=0 \tag{4.29}$$

4.3.3 第一阶段:政府确定养老服务财政补贴力度

为了简化计算,现将养老服务财政补贴质量下限 $\underline{\alpha}$ 固定,只需求出补贴系数调整因子 u 的最优值 u^*,然后再进一步确定补贴力度 T^*。

对式(4.25)求关于 u 的一阶导数,并令一阶导数为零,可得 u^* 满足式(4.30)。

$$\begin{aligned}&t(\lambda_1-\lambda_0)\{2-[1-u^*(\alpha_2^*-\underline{\alpha})]p_2^*+c_1-\beta_1(\alpha_1^*-\alpha_0)-q_1^*\}-\\&[p_1^*-c_1+\beta_1(\alpha_1^*-\alpha_0)]+[t(\lambda_1-\lambda_0)q_2^*+p_2^*-c_2+\beta_2(\alpha_2^*-\alpha_0)]+\\&\frac{2t(\lambda_1-\lambda_0)+c_1-\beta_1(\alpha_1^*-\alpha_0)}{2[1-u^*(\alpha_2^*-\underline{\alpha})]^2}=0\end{aligned} \tag{4.30}$$

4.4 实例分析

笔者所在的课题组针对养老服务体系建设,分别选择了上海、郑州和昆明作为我国东部、中部和西部的代表性地区,进行关于养老服务需求内容及满意度的问卷调查。本节选取了 2014 年 4—6 月在河南省郑州市进行调研的问卷数据。课题组在郑州市选取了老年人集中程度相对较高的 22 个养老机构进行调研,结合调查数据,通过评价指标选取[213, 214],运用粗糙集理论对河南省 22 个养老服务机构的服务质量和老年人服务满意度进行了分析。

4.4.1 服务满意度

利用李克特 5 级量表(Likert scale)对养老机构中服务项目的满意度进行打分,满意度包括:“十分满意”“满意”“一般”“不满意”和“非常不满意”,再对满意度调查结果以 1—5 分进行量化分析。本书根据国务院办公厅发布的《社会养老服务体系建设规划(2011—2015 年)》对养老市场中养老服务内容的规范要求,将养老服务内容分为五个指标,即生活照料、精神慰藉、医疗护理、安全保障和社会参与,并依据这五个指标对养老机构的服务质量进行测度[215]。在五个二级指标下整理出了 25 个单项服务指标,根据机构调研所收集到的数据,利用粗糙集法将单项服务指标缩减至 14 个。这 14 个指标是对老年人养老服务满意度影响权重较大的关键服务指标[216]，如表 4.2 所列。

表 4.2　养老服务满意度各指标的重要度及权重

一级指标	二级指标(权重)	单项指标	重要度	权重
养老服务满意度指标体系	生活照料(0.25)	做饭喂饭	2/14	2/7
		个人清洁服务	3/14	3/7
		室内保洁服务	2/14	2/7
	医疗护理(0.25)	用药指导	2/14	2/8
		陪同就医	3/14	3/8
		急性病护理	3/14	3/8
	安全保障(0.2)	设施维修	3/14	3/7
		老年器材服务	2/14	2/7
		警报服务	2/14	2/7
	精神慰藉(0.2)	陪聊	3/14	3/7
		读报	2/14	2/7
		文化娱乐	2/14	2/7
	社会参与 (0.1)	组织游览	2/14	2/4
		组织义务劳动	2/14	2/4

为了全方位准确地评估老年人对养老机构服务的满意度，根据约简后的养老服务指标权重（表 4.2），结合对老年人养老服务满意度的调查数据，测算出 22 个养老机构的服务满意度的综合得分，结果如表 4.3 所列。

表 4.3　养老机构服务满意度综合评价结果

养老机构	生活照料	医疗护理	安全保障	精神慰藉	社会参与	综合得分	综合排名
A	4.90	4.97	4.82	4.88	4.71	4.88	1
B	4.90	4.86	4.87	4.71	4.16	4.77	2
C	4.89	4.76	4.83	4.56	4.68	4.76	3
D	4.76	4.81	4.64	4.61	3.58	4.60	4
E	4.57	4.67	4.49	3.93	4.23	4.42	5
F	4.65	4.43	4.53	4.15	3.71	4.38	6
G	4.21	4.22	4.71	4.35	4.01	4.32	7
H	4.33	4.66	4.55	3.60	3.96	4.27	8

（续表）

养老机构	生活照料	医疗护理	安全保障	精神慰藉	社会参与	综合得分	综合排名
I	4.67	4.51	4.34	3.79	3.41	4.26	9
J	4.27	4.21	4.03	3.97	3.61	4.08	10
K	3.82	4.42	4.14	3.85	3.98	4.06	11
L	4.32	3.97	4.03	3.54	3.39	3.93	12
M	3.67	3.39	3.69	3.81	3.53	3.62	13
N	3.61	3.56	3.73	3.38	3.61	3.58	14
O	3.48	3.59	3.48	3.81	3.20	3.55	15
P	4.02	3.58	3.47	3.02	3.11	3.51	16
Q	3.63	3.62	3.46	3.22	3.03	3.45	17
R	3.89	3.80	3.12	2.67	3.26	3.41	18
S	3.47	3.17	3.85	3.40	3.07	3.42	19
T	3.71	3.50	3.30	3.20	3.07	3.41	20
U	3.58	3.32	3.31	3.18	3.38	3.36	21
V	3.01	3.15	3.09	3.28	3.24	3.14	22

由表 4.3 可知，在参与问卷调查的老年人中，对养老机构服务满意度的最低得分为 3.14，属于“一般满意”，满意度最高得分为 4.88，属于“十分满意”。根据本章假设 3，老年人对养老服务的满意度 λ 服从均匀分布，即 $\lambda \sim [3,\ 5]$，表示老年人对养老机构的服务满意度最低为 3，即“一般满意”，最高为 5，即“十分满意”。

4.4.2 养老机构的服务质量

政府对养老机构的补贴力度主要依据当前的财政补贴政策和对养老机构的质量评估，根据评估结果对满足政府补贴质量下限的养老机构给予财政补贴。事实上，政府对养老机构的服务质量评估体系是较为复杂的，但是，又是相对客观的。养老服务质量指标主要包括建设投资、床位规模、入住率、护理人员、服务设施投入及更新、培训次数、志愿者服务、管理人员数量、个性化服务项目数、老人数量、被投诉的次数等[217, 218]。本小节将各个指标划分为 9 个等级，如表 4.4 所列。

政府通过对养老服务机构的服务质量进行综合评估，并设定养老服务财政补贴的质量下限为 $\underline{\alpha}$，则 22 个养老服务机构的质量评估结果如表 4.5 所列。

表 4.4　养老服务机构质量评估指标等级划分

评分等级	建设投资/万元	护理人员/人	服务设施投入及更新/(万元·年$^{-1}$)	床位规模/张	入住率	培训次数/次	志愿者服务/人次	管理人员/人	个性化服务项目/项	老人数量/人	被投诉次数/次
1	≤100	≤5	≤50	≤50	≤40%	≤1	≤1	≤3	≤5	≤10	≥9
2	151～200	6～20	51～100	51～100	40%～45%	2～3	2	4	6～10	11～60	8
3	201～250	21～35	101～150	101～150	45%～50%	4～5	3	5	11～15	61～110	7
4	251～300	36～50	151～200	151～200	51%～55%	6～7	4	6	16～20	111～150	6
5	301～350	51～65	201～250	201～250	56%～60%	8～9	5	7	21～25	151～200	5
6	351～400	66～80	251～300	251～300	61%～65%	10～11	6	8	26～30	201～250	4
7	401～450	81～95	351～400	351～400	65%～70%	12～13	7	9	31～35	251～300	3
8	451～500	95～110	451～500	451～500	71%～75%	14～15	8	10	36～40	301～350	2
9	≥501	≥111	≥501	≥501	≥76%	≥16	9	≥11	≥41	≥351	≤1

表 4.5　22 个养老服务机构各个指标评分等级及综合评分结果

养老机构	建设投资/万元	护理人员/人	服务设施投入及更新/(万元·年$^{-1}$)	床位规模/张	入住率	培训次数/次	志愿者服务/人次	管理人员/人	个性化服务项目/项	老人数量/人	被投诉次数/次	综合得分
A	8	9	8	8	8%	7	7	7	8	8	7	7.68
B	6	7	7	8	6%	7	8	5	7	8	6	6.82
C	7	7	8	6	7%	6	7	6	8	6	6	6.71
D	6	7	5	6	7%	7	6	7	6	6	6	6.24
E	6	5	4	6	4%	5	6	5	6	5	5	5.21
F	5	5	4	6	4%	5	6	4	6	5	4	4.93
G	5	4	4	6	4%	5	5	4	6	5	4	4.75
H	4	3	3	5	4%	5	5	4	6	5	4	4.36
I	3	3	3	3	4%	3	5	4	6	5	4	3.89
J	3	3	3	3	4%	3	5	4	3	4	4	3.57
K	3	2	3	3	3%	3	4	4	3	4	4	3.31

（续表）

养老机构	建设投资/万元	护理人员/人	服务设施投入及更新/(万元·年$^{-1}$)	床位规模/张	入住率	培训次数/次	志愿者服务/人次	管理人员/人	个性化服务项目/项	老人数量/人	被投诉次数/次	综合得分
L	3	2	3	3	3%	3	3	4	3	4	4	3.14
M	3	2	3	3	2%	4	3	4	3	3	3	2.96
N	3	2	2	2	2%	4	3	3	3	3	4	2.79
O	3	2	3	2	3%	2	2	3	3	3	1	2.46
P	3	2	2	2	2%	2	2	3	2	3	1	2.13
Q	3	2	2	2	2%	2	2	2	2	2	1	1.96
R	2	2	2	2	2%	2	2	2	2	2	1	1.93
S	2	2	2	3	1%	2	2	2	2	2	1	1.89
T	2	2	2	2	1%	2	2	2	2	2	1	1.81
U	2	1	2	2	1%	2	2	2	2	2	1	1.74
V	2	1	2	2	1%	2	1	2	2	2	1	1.67

根据调研结果，政府对 6 个养老机构(Q, R, S, T, U, V)没有给予财政补贴，这与服务质量评估结果相符。因此，本章设置的政府财政补贴质量下限是 $\underline{\alpha}=2$，养老服务市场的最低服务质量为 $\alpha_0=1$。

4.4.3 服务质量的成本系数

服务质量较高的养老机构，其服务价格普遍偏高[219]，根据调研数据统计，在 2013 年和 2014 年，22 个养老服务机构的服务成本如表 4.6 所列。

表 4.6 22 个养老服务机构的服务成本

养老机构	人均服务成本/元		两年服务成本差/元	服务质量综合得分
	(1):2014 年	(2):2013 年	(2)−(1)	
A	1 195.20	1 208.23	13.03	7.68
B	1 062.96	1 075.67	12.71	6.82
C	960.00	972.54	12.54	6.71
D	857.14	865.97	8.83	6.24
E	776.26	786.02	9.76	5.21
F	730.63	736.25	5.63	4.93
G	687.50	695.13	7.63	4.75
H	640.00	644.96	4.96	4.36
I	603.75	612.47	8.72	3.89
J	585.00	590.13	5.13	3.57
K	563.48	565.24	1.76	3.31
L	550.00	555.34	5.34	3.14
M	537.50	542.16	4.66	2.96
N	526.12	530.00	3.88	2.79
O	513.00	516.07	3.07	2.46
P	507.00	508.16	1.16	2.13
Q	504.00	505.12	1.12	1.96
R	501.14	503.13	1.99	1.93
S	495.38	498.23	2.85	1.89
T	494.00	497.02	3.02	1.81
U	493.18	495.00	1.82	1.74
V	491.43	491.98	0.55	1.67

基于本章假设 4，相应增加的服务成本与服务质量提升呈二次方关系，即 $c_i'=\theta_i(\alpha_i-\alpha_0)^2$。根据表 4.6 中的数据，经计算，每提高一个单位的服务质量所增加的服务成本如表 4.7 所列。

表 4.7　养老服务质量提升的成本差

养老机构	服务成本差/元	服务质量综合得分	养老机构	服务成本差/元	服务质量综合得分
A	132.24	7.68	L	12.50	3.14
B	102.96	6.82	M	11.38	2.96
C	102.86	6.71	N	13.12	2.79
D	80.89	6.24	O	6.00	2.46
E	45.63	5.21	P	3.00	2.13
F	43.13	4.93	Q	2.86	1.96
G	47.50	4.75	R	5.75	1.93
H	36.25	4.36	S	1.38	1.89
I	18.75	3.89	T	0.82	1.81
J	21.52	3.57	U	1.75	1.74
K	13.48	3.31	V	0.55	1.67

根据 22 个养老机构的服务成本差和服务质量综合得分，经线性回归得出表 4.8 所列结果。

表 4.8　线性回归结果 1

模型总计及参数评估

因变量：成本增加

方程式	模型摘要					参数评估		
	R^2	F	df_1	df_2	显著性	常数	b_1	b_2
二次曲线模型	0.994	1 461.684	2	19	0.000	0.783	−0.920	3.177

注：自变量为质量提升。

根据本章假设 4，计算得出养老服务机构提升服务质量的成本系数 $\theta_1=3.18$。由于调研中有关未得到财政补贴的养老服务机构的数据较少，因此，本书认为 $\theta_2=\theta_1=3.18$，即养老机构 1 和养老机构 2 提升服务质量所增加的成本系数相同。

根据2013年和2014年的养老机构服务成本，得出养老服务机构的成本降低水平(表4.6)，这种成本降低主要是由于管理水平改善和服务效率提高所导致的，经线性回归分析得出如表4.9所列结果。

表4.9 线性回归结果2

模型总计及参数评估

因变量：两年服务成本差

方程式	模型摘要					参数评估	
	R^2	F	df_1	df_2	显著性	常数	b_1
线性	0.860	147.332	1	20	0.000	0.007	1.984

注：自变量为质量提升减1。

根据本章假设5，随着养老服务机构管理水平的提高，在保持养老服务质量长期不变的同时，养老服务成本会下降，根据线性回归分析得出：$\beta_1=1.98$。由于调研中有关未得到财政补贴的养老服务机构的数据较少，因此，本书认为$\beta_2=\beta_1=1.98$。

根据调研数据，在被调研的老年人中有11.5%的人愿意住养老院，2014年河南省60岁及以上老年人口基数为1 463万人，因此可以粗略推算，愿意选择机构养老服务的人数约为168.25万。根据《2010年中国城乡老年人口状况追踪调查主要数据分析》，城市中有16.1%的老年人选择机构养老，农村中有15.3%的老年人选择机构养老，无论城市或农村，在选择机构养老的老年人中，绝大多数人的生活自理能力较差。本书以养老机构Q作为养老机构1，以养老机构P作为养老机构2，以生活照料作为老年人所需求的养老服务，根据表4.6，两个养老机构的服务成本分别是$c_1=504$元，$c_2=507$元。

根据以上求解出的参数值，采用Matlab(R2014)软件对式(4.15)、式(4.16)、式(4.19)、式(4.20)、式(4.28)和式(4.30)求近似均衡数值解，通过数值分析，直观地反映老年人服务偏好支付系数t和财政补贴质量下限$\underline{\alpha}$对养老服务均衡供给的影响，以期为政府相关部门及养老服务机构的决策提供参考依据。

4.4.4 老年人服务偏好支付系数t对均衡结果的影响

由于每提高一个单位的服务满意度，老年人愿意支付的服务费用是变化的，因此，在上述条件下，当老年人服务偏好支付系数t变化时，得到养老服务供给的均衡结果如图4.1—图4.5所示。

由图 4.1 可知,老年人服务偏好支付系数 t 越大,意味着老年人愿意为高质量服务支付的费用越高,老年人对服务质量的要求越高,两个养老机构的服务价格都将提高,且较高质量的服务其价格提高的幅度也较大。家庭规模的小型化和传统家庭养老服务功能的弱化是导致老年人对社会养老服务需求日趋强烈的最关键的因素[220],2014 年,《中国老年社会追踪调查(CLASS)》报告的数据显示,有 31.95%的老年人愿意选择机构养老,即愿意购买机构养老服务。因此,根据经济学供需理论和养老服务市场机制,随着养老服务市场需求的增加,养老服务价格逐渐提高,且高质量服务的价格增长的幅度要高于低质量服务的价格增长的幅度。

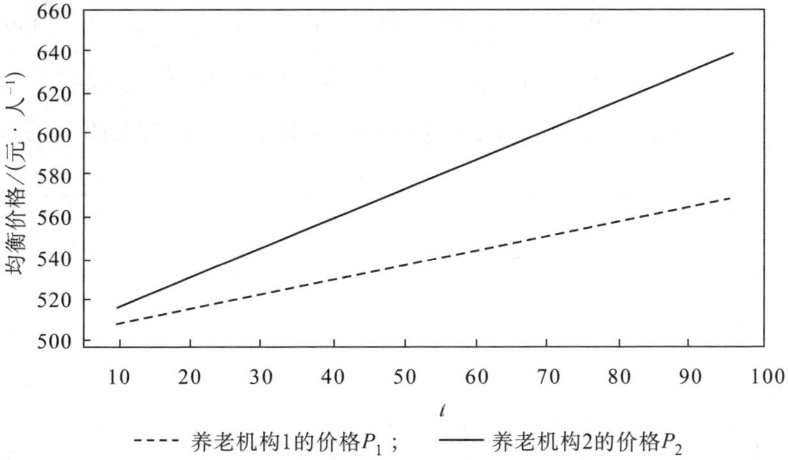

图 4.1 老年人服务偏好支付系数 t 对均衡价格的影响

由图 4.2 可知,随着老年人对机构养老服务偏好的提升,高质量养老服务的市场供给量逐渐增加,相反,低质量养老服务的市场供给量逐渐减少。老年人的经济状况对其机构养老服务偏好具有直接影响[221],老年人对养老机构的服务偏好提升意味着其经济消费水平和服务购买能力上升,对养老服务质量水平的要求也在逐渐提高。因此,在本书假设下,随着服务偏好的提升,老年人对高质量养老服务的需求会相对增加,对低质量养老服务的需求会相对减少。

由图 4.3 可知,随着老年人对机构养老服务偏好的提升,养老机构 1 的服务质量变化幅度会逐渐增加,其增加的幅度高于养老机构 2 的服务质量增加的幅度。机构养老服务偏好提高意味着老年人对高质量的服务需求逐渐加大,当老年人服务偏好增加到一定程度时,对养老服务市场高质量服务的需求整体提高,从而大大降低了低质量养老服务市场的需求量。对此,为了提高收益和市场供给份额,提高服务质量就成为低质量养老机构实现不同服务质量共存的优化对策。

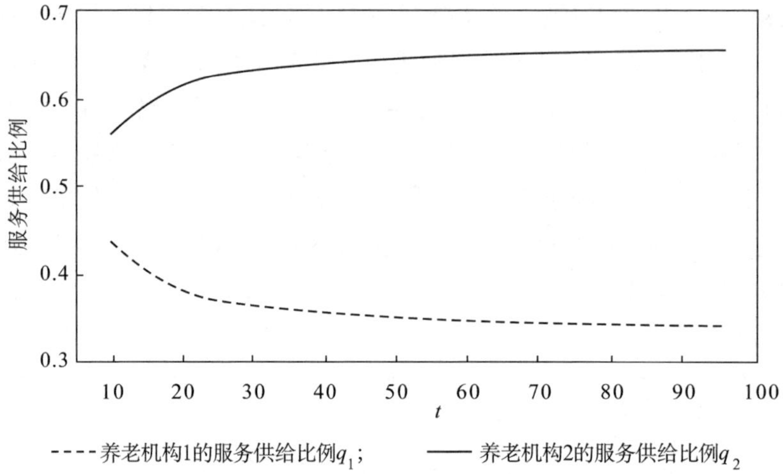

图 4.2　老年人服务偏好支付系数 t 对均衡供给比例的影响

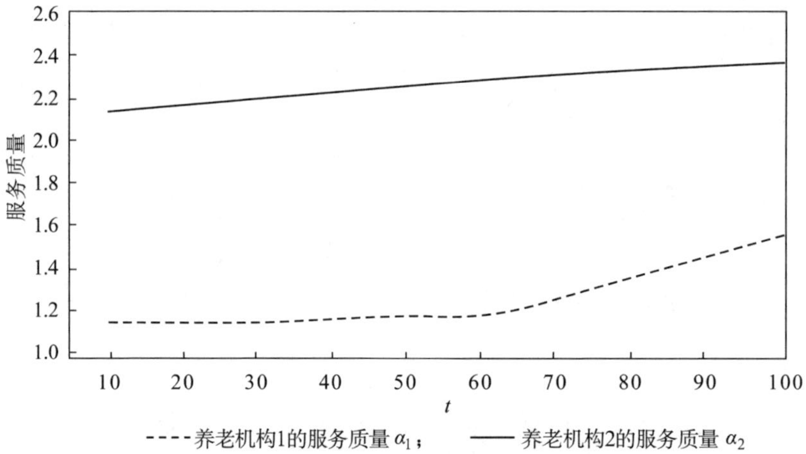

图 4.3　老年人服务偏好支付系数 t 对均衡质量的影响

由图 4.4 可知，无论是低质量养老服务还是高质量养老服务，随着老年人服务偏好支付系数的增加，养老服务机构的收益都将增加，且养老机构 2 收益增加的幅度较大。由于老年人服务偏好的提升，导致对高质量服务的需求量增加，为了增加市场供给份额，低质量养老机构只能逐渐提升服务质量（图 4.3），同时，高质量服务价格和低质量服务价格都会增加（图 4.1），政府对养老服务的财政补贴力度和补贴额度也在增加，在这些因素的综合作用下，养老服务机构的收益增加，且提供高质量服务的养老机构的收益增加幅度要高于低质量服务养老机构。虽然，政府财政补贴支出增加，但是老年人的服务效用随着选择机构养老意愿的提高而增加，各养老机构的服务供给收益也随之提高，因此，养老服务财政补贴的收益会有所增加。

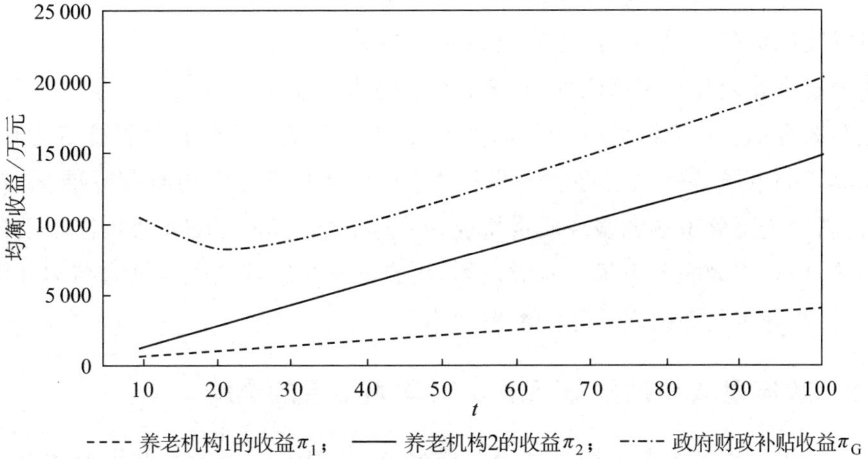

图 4.4　老年人服务偏好支付系数 t 对均衡收益的影响

由图 4.5 可知，随着老年人服务偏好支付系数的增加，财政补贴调整因子逐渐降低，养老服务财政补贴比例 T 逐渐增加。由于养老服务的财政补贴力度不仅取决于补贴调整因子 u，更大程度上还取决于养老服务财政补贴质量下限和养老机构的服务质量 $[T_i = u(\alpha_i - \underline{\alpha})]$，因此，当养老服务财政补贴质量下限不变时，随着老年人服务偏好支付系数的增加，养老机构的服务质量也逐渐提升，服务质量提升的幅度大于财政补贴调整因子降低的幅度，所以，在各因素作用下，养老服务财政补贴比例逐渐增加。

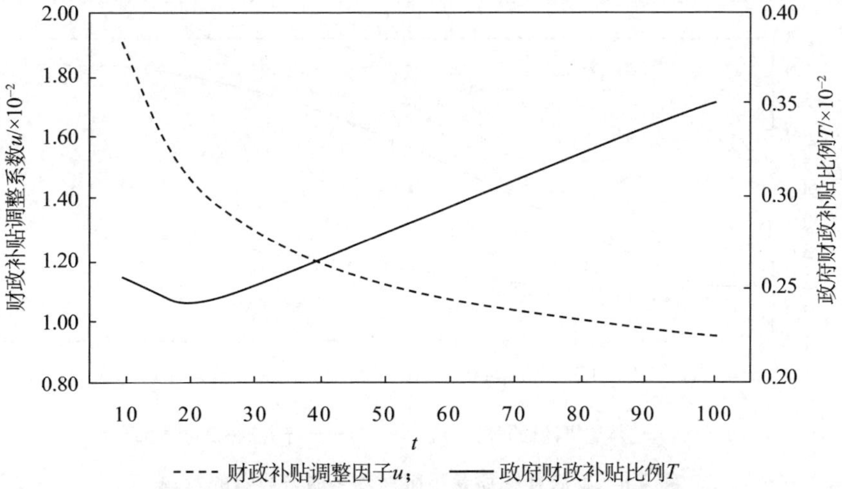

图 4.5　老年人服务偏好支付系数 t 对财政补贴比例的影响

综上所述，随着老年人对养老服务偏好支付系数的增加，老年人选择养老机构服务的意愿提高，养老服务市场需求的增加提高了养老机构的市场收益及养老服务整体福利水平。根据全国老龄工作委员会发布的《2010 年中国城乡老年人口状况追踪调查》结果，随着家庭结构的变化和家庭养老功能的弱化，老年人的传统家庭养老观念逐渐改变，越来越多的老年人愿意选择机构养老。因此，市场化养老方式是养老服务社会化的发展方向。随着经济水平和消费结构升级，机构养老的市场需求规模将进一步扩大，推动养老服务市场质量标准化、规范化，提高养老服务市场的服务质量将成为一种必然趋势。此时，市场需求引导市场供给，提高养老服务市场的有效供给，将有助于缓解养老服务供需结构性失衡矛盾，提高养老服务财政补贴的配置效率。

4.4.5 政府财政补贴质量下限 $\underline{\alpha}$ 对均衡结果的影响

为了提高养老服务市场整体服务质量，提高养老服务的有效供给和保障养老服务财政补贴的配置效率，政府定期对养老服务质量进行综合评估，以调整财政补贴政策并调整财政补贴质量下限 $\underline{\alpha}$。当财政补贴质量下限 $\underline{\alpha}$ 发生变化时，养老服务均衡供给结果如图 4.6—图 4.10 所示。

由图 4.6 可知，随着两个养老机构的服务质量 α_i 逐渐增加，养老服务市场的整体质量水平也在不断上升。另外，随着养老服务财政补贴质量下限 $\underline{\alpha}$ 的提高，养老机构 2 的服务质量 α_2 增加的幅度逐渐减小，最终稳定在一定质量水平上。这是由于随着养老服务财政补贴质量下限 $\underline{\alpha}$ 的提高，为了能获得财政补贴，养老机构 2 只能逐渐提升服务质量，但当财政补贴质量下限 $\underline{\alpha}$ 增至较高水平时，受服

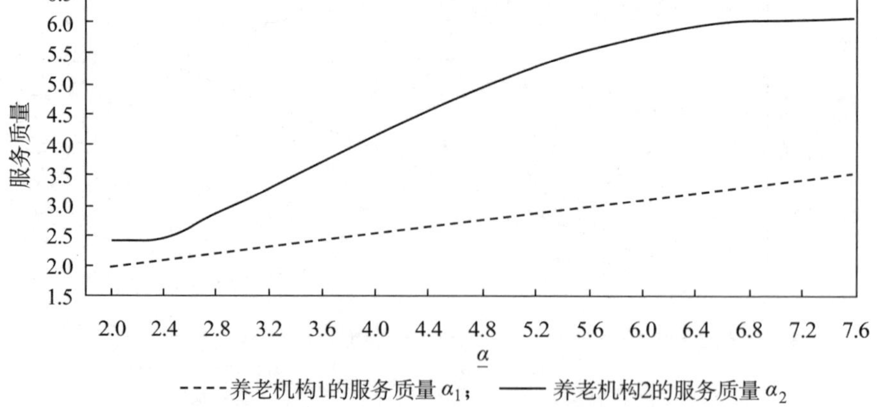

图 4.6 财政补贴质量下限对养老服务质量的影响

务质量成本的限制，养老机构 2 的服务质量无法达到财政补贴的质量下限 $\underline{\alpha}$，因此，养老机构 2 的服务质量在达到一定水平后逐渐趋于稳定。由于养老机构 2 的服务质量进一步增加，使得市场整体服务质量水平不断提高，养老机构 1 为了增加养老服务市场需求量，也将提高其服务质量。

由图 4.7 可知，随着养老服务财政补贴质量下限 $\underline{\alpha}$ 的提高，财政补贴系数调整因子 u 提高，单位养老服务的财政补贴力度 T 降低。当财政补贴质量下限 $\underline{\alpha}$ 提高到较高水平时，政府的财政补贴力度为零。由于财政补贴质量下限 $\underline{\alpha}$ 提高，养老机构的服务质量也逐渐提高至某一稳定质量上，使得养老服务质量 α_2 与财政补贴质量下限 $\underline{\alpha}$ 的差距逐渐减小，且差距减小的幅度大于 u 增加的幅度，因此，养老服务财政补贴比例 T 逐渐降低。当财政补贴质量下限 $\underline{\alpha}$ 高于服务质量趋于稳定的水平时，即养老机构 2 的服务质量达不到财政补贴质量下限（$\alpha_i < \underline{\alpha}$），此时养老服务财政补贴比例为零。

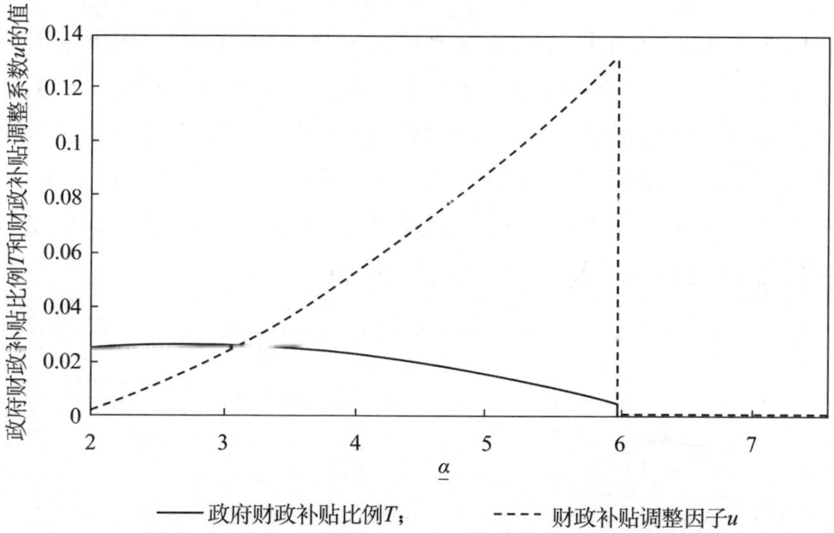

图 4.7　财政补贴质量下限对财政补贴比例的影响

由图 4.8 可知，随着财政补贴质量下限 $\underline{\alpha}$ 的提高，两类养老机构的服务价格逐渐降低。因为，随着养老服务财政补贴质量下限的提高，养老服务的财政补贴力度也随之增大，提供高质量服务的养老机构 2 所获得的财政补贴额就会增加，而财政补贴的增加会相对降低高质量养老服务的成本，因此，养老服务价格会有所下降。当高质量养老服务价格下降时，会引致老年人群体增加对高质量服务的市场需求，使低质量养老服务市场需求降低，导致低质量养老服务价格下降。

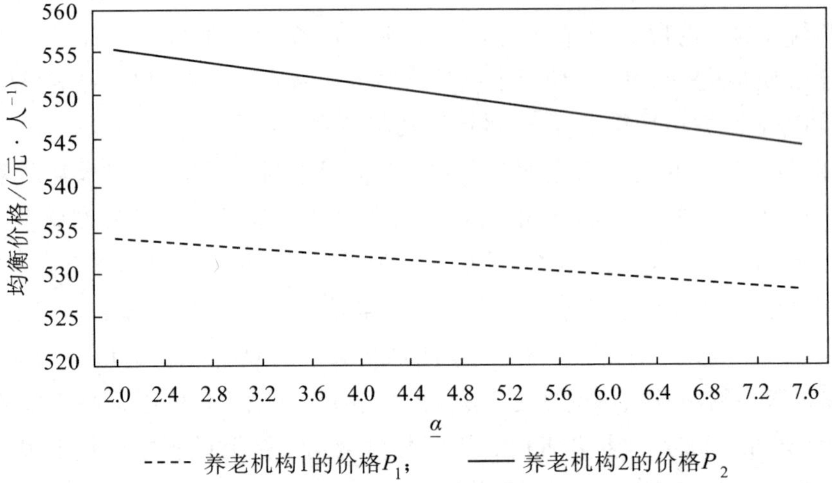

图 4.8 财政补贴质量下限对养老服务均衡价格的影响

由图 4.9 可知，随着养老服务财政补贴质量下限的提高，高质量养老机构 2 的服务供给量比例将逐渐增加，低质量养老机构 1 的服务供给量比例将逐渐减少。这是因为随着养老服务财政补贴质量下限的提高，养老机构 2 为了获得财政补贴，会进一步提高养老服务质量。从而导致财政补贴力度的加大，高质量养老服务价格下降，根据供求理论，高质量养老服务的市场需求和供给量均会增加，养老机构 1 的市场需求和供给量就相对减少。

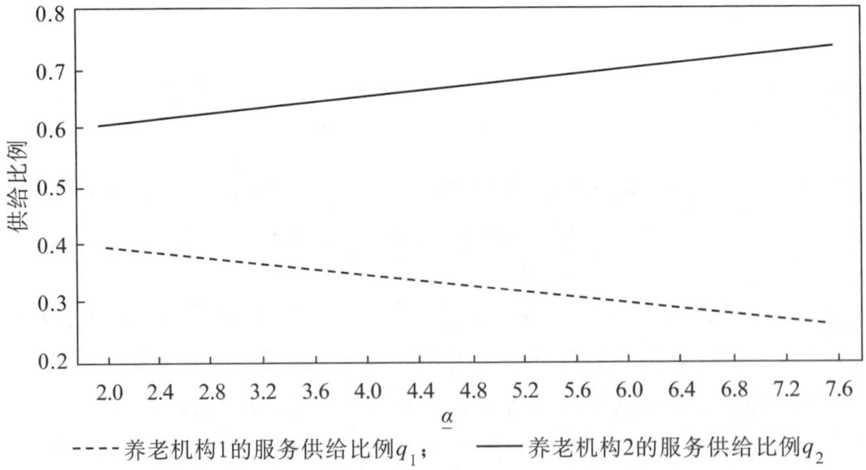

图 4.9 财政补贴质量下限对养老服务均衡供给的影响

由图 4.10 可知，随着养老服务财政补贴质量下限的提高，养老机构 1 的收益逐渐降低，养老机构 2 的收益呈现先增加后减少的趋势。这是因为养老服务财政补贴质量下限的提高，导致低质量养老服务价格和市场供给量减少，因此，养老机构 1 的收益降低。对于提供高质量服务的养老机构 2 来说，在服务价格下降、财政补贴力度增加和服务供给量增加的共同作用下，收益逐渐增加。当服务质量 α_2 低于财政补贴质量下限 $\underline{\alpha}$ 时，政府补贴比例 T 为零，养老机构 2 的收益逐渐降低直至亏损。

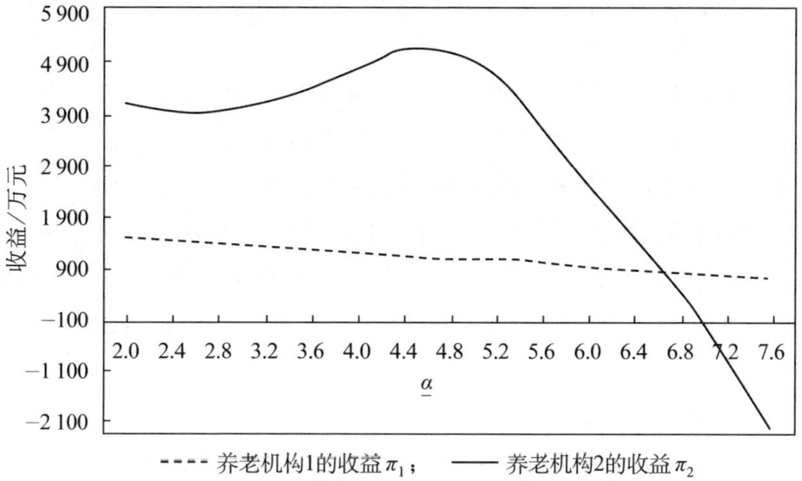

图 4.10　财政补贴质量下限对养老机构收益的影响

无论是低质量养老服务还是高质量养老服务，从政府的角度来看，出于提高养老服务市场的有效供给和养老服务社会福利的目的，政府将会更加重视提高养老服务市场质量水平，并增加对高质量养老服务的补贴力度（即补贴比例），以提高高质量服务的社会效益。从养老机构的角度来看，由于政府提高补贴质量下限和财政补贴力度，在服务成本及财政补贴共同作用下，养老机构提高养老服务质量以吸引更多的老年人购买服务，从而提高服务市场供给的规模效应。但是，当政府补贴质量下限较高时，多数养老机构的服务质量都无法达到该水平，故难以实现养老服务社会收益最大化。因此，政府要综合考虑老年人的服务效用和养老机构的服务收益，适当调整财政补贴质量下限。

4.5　本章小结

本章综合考虑了政府补贴、服务质量、老年人服务偏好等因素对养老服务市场供给的影响,建立了政府与养老机构的三阶段博弈模型,针对模型进行了理论推演,并通过实际案例进一步分析,提出如下建议。

(1)随着老年人服务质量偏好的提高,老年人的养老服务支付意愿提高,政府财政补贴增加,养老机构收益和社会总福利也将有所增加。当老年人的服务质量偏好较高时,高质量服务供给效益优于低质量服务供给效益,这意味着当老年人消费结构升级时,养老机构提供高质量服务将会更有利。为了避免养老服务市场处于较低质量水平或通过服务作假来谋取财政补贴,政府应综合考虑市场需求和养老机构承受能力等多方面的因素来确定养老服务市场质量的准入水平。

(2)政府要努力培养并提升老年人的服务偏好意识,这是养老服务各方共赢的长久之计。通过对老年人服务偏好支付系数及其变化进行分析,可为政府部门与养老服务市场提供相关信息参照及决策依据。政府要科学设定养老服务财政补贴质量下限:当老年人服务偏好较低且高质量养老服务的边际成本较高时,政府应适当降低补贴质量下限,以保证高质量服务的养老机构有利可图,并产生尽可能大的社会总福利;当老年人服务偏好进一步提升,且市场规模经济效应使得高质量服务的生产成本进一步降低时,政府可以考虑提高补贴下限,使养老服务供给更大程度上契合服务需求。

(3)随着老年人服务偏好的提高,养老机构应逐步加大服务质量的提升力度,突出并强化机构自身的服务特点,在竞争市场中形成差别化竞争优势。当老年人服务偏好较低时,养老机构不宜大量提升服务质量,应通过科学的运营管理决策,适量降低提升服务质量所需的成本。当老年人服务偏好较高时,高质量服务机构应适当提高价格和质量水平,而低质量服务机构应保持质量并适当提高价格。当政府提高养老服务财政补贴下限时,提供高质量服务的养老机构应当在提升服务质量的同时降低服务价格,提供低质量服务的养老机构应保持当前的服务质量并降低服务价格。

综上所述,老年人服务偏好、养老服务支付意愿和财政补贴质量下限会对财政补贴政策和养老机构运营管理决策产生影响。养老机构应根据影响因素的变化来确定不同的养老服务质量水平以及相应的服务价格,以实现养老服务供给收益最大化。政府则应在综合考虑老年人服务偏好、服务效用和养老机构收益的条件下,寻求老年人服务效用与养老机构收益的平衡点,以此制定并逐步完善相应的养老服务财政补贴政策机制,提高养老服务供给的有效性,实现养老服务的社会总福利最大化。

第 5 章

基于财政补贴的养老服务质量监管博弈分析

制定养老服务财政补贴质量下限可以提高养老服务质量，并有助于缓解养老服务有效供需结构性矛盾。由于养老机构具有一定的机会主义倾向，在财政补贴下，政府需要进一步保障养老服务供给的持续有效性。本章主要考虑财政补贴下公众参与、惩罚机制与声誉机制对养老机构服务供给行为的影响，构建政府与养老机构的服务质量监管博弈模型，以此对养老服务质量监管提出建议，从而保障养老服务市场的持续有效供给。

5.1 问题来源

政府财政补贴主要是对养老机构服务质量成本的补偿，补贴力度由财政补贴质量下限和养老服务质量共同确定，在满足财政补贴质量下限的基础上，服务质量越高，补贴力度就越大。养老服务财政补贴的目的在于降低社会资本投资风险，减轻财政负担的同时获得预期的社会价值。社会资本进入养老服务市场，不仅提高了养老服务市场的管理运营水平，还有效提升了养老服务质量。但是，社会资本的逐利性致使其机会主义行为的倾向较高，在养老机构领取财政补贴后，降低服务质量，以获取最大化的利益。由于政府和养老机构的信息不对称，以及养老机构难以持续有效保障所提供的服务质量，导致市场供给与社会需求错位，公共财政资源配置效率降低，服务市场的供需结构性矛盾加剧。随着养老服务市场化发展，一些地方过于强调社会价值，重建设、轻监管，对养老服务机构的质量监管不足，导致养老服务市场供给成为企业骗取财政补贴的工具。

服务质量是养老服务业可持续发展的基本保障，也是建立财政补贴制度的客观依据。当养老机构的服务质量满足政府补贴标准后，养老机构就可以获得政府的财政补贴。但是由于养老机构的逐利性，在补贴期内，养老机构可能会降低服务质量，甚至低于补贴质量下限以减少服务成本。为了保证服务供给的有效性,降低养老服务市场供需结构的不平衡,政府应对养老机构的服务质量进行有效监管。社会资本进入养老服务行业,减轻了政府财政支出负担,提升服务市场质量水平,推进了政府职能由服务供给主体到服务市场协调监管的转变。2019 年 3 月,国务院办公厅印发《关于推进养老服务发展的意见》,该《意见》提出要在逐步放开养老服务市场供给的同时,加大对机构违规供给行为的监管和惩罚力度,保障市场供给的持续有效性,不断完善养老服务市场机制和养老服务体系建设。然而,政府如何对养老服务质量进行监管,才能避免服务供给有效性的降低,保障养老市场持续健康发展?这是本章要研究的问题。

养老服务不同于其他产品,是准公共产品,由于其生产与供给环节是同一个过程,或至少是紧密关联的,因此更有必要加强对养老服务过程的监管。政府通过对养老服务机构的监管,可以及时了解对养老机构的财政补贴成效,以便及时调整补贴策略,最终实现养老服务市场供给整体有效。在服务供给有效性得到保障之后,服务市场供需结构性失衡问题自然得到解决。

本章考虑公众参与、声誉机制、政府补贴及惩罚机制等影响因素,构建政府部门与养老机构质量监管的动态演化博弈模型,分析复制动态方程,讨论寻租成本、惩罚等因素对政府部门和养老机构策略选择的影响,揭示双方博弈均衡目标演化的内部运行机理,并根据研究结论,对政府质量监管部门在监管过程中存在的问题提出建议,从而保障养老服务市场供给的持续有效性。

5.2 未考虑声誉机制的演化博弈模型及策略稳定性分析

5.2.1 模型假设

政府通过对养老机构服务质量进行评估,设定财政补贴质量下限、补贴力度和补贴期限,对满足财政补贴质量下限的养老机构进行补贴。在补贴期内,养老机构在满足财政补贴质量下限的基础上,继续提升服务质量,提供不低于评估期服务质量的养老服务。但是,由于社会资本的逐利性,在补贴期内,养老机构在获得财政补贴的同时,存在提供低于评估期服务质量的养老服务的可能性,导致财政补贴的配置效率和养老服务供给的有效性均无法得到保障,并进一步降低养老服务的社会福利。在补贴期内,本章将养老机构所提供的养老服务质量不低于评估期质量的养老服务称为高质量养老服务,将所提供的养老服务质量低于评估期质量的养老服务称为低质量养老服务。

养老服务质量风险主要来源于服务机构的供给决策和对服务质量的监管力度，包括政府的监管措施、市场提供低质量服务和监管不力等，这些都会增加服务质量风险。在养老服务市场发展的过程中，因政府对补贴期内养老机构的服务质量监管不力，而导致养老服务供给的有效性降低的现象依然存在[160]。因此，为了避免财政补贴配置有效性降低、养老服务质量下降和运营效率降低等问题，保证养老服务持续有效供给，政府需要对养老服务市场进行合理监管[161]。

基于以上分析，本章提出如下假设。

假设 1：政府监管部门和养老机构都是有限理性的决策主体，在信息不对称的养老服务市场中，政府部门对养老机构进行监管，以保障养老服务市场供给的有效性，实现养老服务社会福利最大化，养老机构收益最大化。

假设 2：养老机构的服务质量在满足补贴质量下限后，在补贴期内同等服务价格标准和补贴力度下有两种策略选择：诚实和不诚实。养老机构选择“诚实”策略的概率为 x，表示养老机构将持续提供高质量养老服务；选择“不诚实”策略的概率为$(1-x)$，表示养老机构为了获得更多的收益，将提供低质量养老服务骗取补贴，甚至提供低于补贴质量下限的养老服务。

假设 3：提供高质量服务的养老机构具有先进的养老服务设施、专业的护理人员和科学的管理方法等，且各方面评估指标高于政府补贴质量下限，而降低服务质量意味着养老服务设施不完善、专业护理人员减少和机构运营管理有效性降低，因此高质量养老服务成本 C_2 高于低质量养老服务成本 C_1，即 $C_2 > C_1$。

假设 4：若养老机构选择提供高质量养老服务（诚实），可实现政府部门承诺的最低收益 M_2，并在补贴期内获得财政补贴 E。若养老机构选择提供低质量养老服务（不诚实），并被政府监管部门发现，会受到政府部门罚款，将罚款设为 B_1。

假设 5：设政府监管部门对养老机构服务质量进行积极监管的概率为 y，则消极监管的概率为$(1-y)$。若政府监管部门选择积极监管，则可获得上级部门的奖励与部门补贴等，设收益为 M_g，监管成本为 C_g。若政府监管部门消极监管且养老机构提供低质量服务（不诚实），被社会公众曝光的概率为 μ，此时，政府监管部门也会因监管不力受到上级部门的惩罚，设惩罚为 B_g。

假设 6：养老机构提供低质量服务（不诚实）时会以概率 β 选择寻租行为，设寻租成本为 W。

本章中使用的符号及其说明如表 5.1 所列。

表 5.1　本章中使用的符号及其说明

符号	说明
x	养老机构提供高质量服务(诚实)的概率
y	政府对养老机构积极监管的概率
C_1, C_2	养老机构提供低质量服务和提供高质量服务的成本
M_2	养老机构获得的最低收益
E	养老机构获得的财政补贴
B_1	养老机构不诚实被政府发现后的罚款
C_g	政府部门的监管成本
M_g	政府部门的监管收益
μ	养老机构不诚实被社会公众曝光的概率
B_g	政府消极监管时受到的上级惩罚
β	养老机构向政府监管部门寻租的概率
U_1	养老机构提供高质量服务的声誉收益
U_2	养老机构提供低质量服务的声誉损失
θ	养老机构声誉收益转化系数
W	养老机构向政府监管部门寻租的成本

5.2.2　模型建立

根据上述假设,积极监管意味着政府监管部门主动监管并能发现养老机构提供的是低质量服务;消极监管则意味着政府监管部门不主动,仅靠社会公众曝光和惩罚等监管机制对养老机构进行约束,只有当养老机构不诚实行为被公众曝光时,政府才会调查核实。由此可得养老机构和政府监管部门的博弈收益矩阵,如表 5.2 所列。

表 5.2　未考虑声誉机制时演化博弈收益矩阵

养老机构	政府监管部门	
	积极监管(y)	消极监管($1-y$)
诚实(x)	M_2-C_2+E, M_g-C_g	M_2-C_2+E, M_g
不诚实($1-x$)	$M_2-C_1-\beta(W-B_1)-(1-\beta)B_1$, $M_g-C_g+\beta W$	$M_2-C_1+(1-\mu)E-\mu B_1$, $-\mu B_g$

基于上述博弈矩阵,养老机构持续提供高质量养老服务(诚实)的期望收益为

$$E_1^1 = y(M_2 - C_2 + E) + (1-y)(M_2 - C_2 + E) = M_2 - C_2 + E \tag{5.1}$$

养老机构提供低质量养老服务(不诚实)的期望收益为

$$\begin{aligned} E_1^2 = &\, y[M_2 - C_1 - \beta(W - B_1) - (1-\beta)B_1] + \\ &(1-y)[M_2 - C_1 + (1-\mu)E - \mu B_1] \end{aligned} \tag{5.2}$$

养老机构的平均收益为

$$\overline{E}_1 = xE_1^1 + (1-x)E_1^2 \tag{5.3}$$

根据 Malthusian 动态方程[222],整理得到养老机构的复制动态方程:

$$\begin{aligned} F(x,\ y) &= \frac{\mathrm{d}x}{\mathrm{d}t} = x(E_1^1 - \overline{E}_1) \\ &= x(1-x)\{C_1 - C_2 + \mu E + \mu B_1 - \\ &\quad y[\mu B_1 - (1-\mu)E - (1-\beta)B_1 + \beta(B_1 - W)]\} \end{aligned} \tag{5.4}$$

同理,政府选择积极监管的期望收益 E_2^1、消极监管的期望收益 E_2^2 及监管的平均收益 $\overline{E}_2$ 分别为

$$E_2^1 = x(M_g - C_g) + (1-x)(M_g - C_g + \beta W) \tag{5.5}$$

$$E_2^2 = xM_g + (1-x)(-\mu B_g) \tag{5.6}$$

$$\overline{E}_2 = yE_2^1 + (1-y)E_2^2 \tag{5.7}$$

政府的复制动态方程为

$$\begin{aligned} G(x,\ y) &= \frac{\mathrm{d}y}{\mathrm{d}t} = y(E_2^1 - \overline{E}_2) \\ &= y(1-y)[M_g - C_g + \beta W + \mu B_g - x(M_g + \beta W + \mu B_g)] \end{aligned} \tag{5.8}$$

根据式(5.4)和式(5.8)可以得到一个二维动力系统:

$$\left.\begin{aligned} \frac{\mathrm{d}x}{\mathrm{d}t} &= x(E_1^1 - \overline{E}_1) = x(1-x)\{C_1 - C_2 + \mu E + \mu B_1 - \\ &\quad y[\mu B_1 - (1-\mu)E - (1-\beta)B_1 + \beta(B_1 - W)]\} \\ \frac{\mathrm{d}y}{\mathrm{d}t} &= y(E_2^1 - \overline{E}_2) = y(1-y)[M_g - C_g + \beta W + \\ &\quad \mu B_g - x(M_g + \beta W + \mu B_g)] \end{aligned}\right\} \tag{5.9}$$

令 $\frac{dx}{dt}=0$ 和 $\frac{dy}{dt}=0$，可得到该系统的 5 个局部均衡点，分别为：(0, 0)，(0, 1)，(1, 0)，(1, 1)和 (x^*, y^*)，其中 $x^*=\frac{M_g-C_g+\beta W+\mu B_g}{M_g+\beta W+\mu B_g}$，$y^*=\frac{C_1-C_2+\mu E+\mu B_1}{\mu B_1-(1-\mu)E-(1-\beta)B_1+\beta(B_1-W)}$。

5.2.3 均衡点及演化策略稳定性分析

根据期望收益得到各博弈主体的复制动态方程，利用系统的雅克比(Jacobian)矩阵(记为 $\boldsymbol{J}$)分析系统均衡点的演化策略稳定性[223]。该动态系统的雅克比矩阵为

$$\boldsymbol{J}=\begin{pmatrix}\frac{\partial F(x, y)}{\partial x} & \frac{\partial F(x, y)}{\partial y}\\ \frac{\partial G(x, y)}{\partial x} & \frac{\partial G(x, y)}{\partial y}\end{pmatrix}=\begin{pmatrix}a_{11}a_{12}\\ a_{21}a_{22}\end{pmatrix} \tag{5.10}$$

其中，$a_{11}=(1-2x)\{C_1-C_2+\mu E+\mu B_1-y[\mu B_1-(1-\mu)E-(1-\beta)B_1+\beta(B_1-W)]\}$；

$a_{12}=-x(1-x)[\mu B_1+\beta(B_1-W)-(1-\mu)E-(1-\beta)B_1]$；

$a_{21}=-y(1-y)(M_g+\beta W+\mu B_g)$；

$a_{22}=(1-2y)[M_g-C_g+\beta W+\mu B_g-x(M_g+\beta W+\mu B_g)]$。

该雅克比矩阵的行列式和矩阵的迹为

$$\det\boldsymbol{J}=\begin{vmatrix}a_{11} & a_{12}\\ a_{21} & a_{22}\end{vmatrix}=a_{11}a_{22}-a_{12}a_{21}，\ \mathrm{tr}\boldsymbol{J}=a_{11}+a_{22} \tag{5.11}$$

其中，

$$\det\boldsymbol{J}=(1-2x)\{C_1-C_2+\mu E+\mu B_1-y[\mu B_1+\beta(B_1-W)-(1-\mu)E-(1-\beta)B_1]\}(1-2y)[M_g-C_g+\beta W+\mu B_g-x(M_g+\beta W+\mu B_g)]-x(1-x)[\mu B_1+\beta(B_1-W)-(1-\mu)E-(1-\beta)B_1]y(1-y)(M_g+\beta W+\mu B_g)$$

$$\mathrm{tr}\boldsymbol{J}=(1-2x)\{C_1-C_2+\mu E+\mu B_1-y[\mu B_1+\beta(B_1-W)-(1-\mu)E-$$

$(1-\beta)B_1]\}+(1-2y)[M_g-C_g+\beta W+\mu B_g-x(M_g+\beta W+\mu B_g)]$

当复制动态方程的均衡点是演化稳定点时，需同时满足：$\det\boldsymbol{J}>0$ 和 $\mathrm{tr}\boldsymbol{J}<0$。

情况①：当 $M_g<C_g-\mu B_g$，$W<\dfrac{C_2-C_1-(1-2\beta)B_1-E}{\beta}$，$W<\dfrac{C_g-M_g-\mu B_g}{\beta}$，$B_1<\dfrac{C_2-C_1-\mu E}{\mu}$ 时，动态系统的演化稳定策略(ESS)为(0,0)，如表 5.3 所列。

表 5.3　情况①均衡点的稳定性分析

均衡点	$\mathrm{tr}\boldsymbol{J}$	$\det\boldsymbol{J}$	稳定性
(0, 0)	—	+	ESS
(0, 1)	不确定	—	鞍点
(1, 0)	—	不确定	鞍点
(1, 1)	+	+	不稳定点
(x^*, y^*)	0	不确定	鞍点

当政府部门的监管收益不足以弥补监管成本与消极监管被举报受罚之差，养老机构愿意支付的寻租成本比较低，且养老机构提供低质量服务(不诚实)受到的惩罚小于提供高质量与低质量服务成本之差与被公众曝光概率之比时，政府监管部门倾向于选择消极监管，养老机构倾向于选择提供低质量服务。此时，养老服务市场的服务质量保障水平和供给有效性最差，社会总体福利最小。

情况②：当 $M_g<C_g-\mu B_g$，$\dfrac{C_2-C_1-(1-2\beta)B_1-E}{\beta}<W<\dfrac{C_g-M_g-\mu B_g}{\beta}$，$B_1<\dfrac{C_2-C_1-\mu E}{\mu}$ 时，动态系统的演化稳定策略(ESS)为(0, 1)，如表 5.4 所列。

表 5.4　情况②均衡点的稳定性分析

均衡点	$\mathrm{tr}\boldsymbol{J}$	$\det\boldsymbol{J}$	稳定性
(0, 0)	不确定	—	鞍点
(0, 1)	—	+	ESS
(1, 0)	不确定	—	鞍点

（续表）

均衡点	tr$\boldsymbol{J}$	det$\boldsymbol{J}$	稳定性
(1, 1)	+	+	不稳定点
(x^*, y^*)	0	不确定	鞍点

当政府部门的监管收益不足以弥补监管成本与消极监管被举报受罚之差，养老机构愿意支付的寻租成本大于高、低质量服务成本及补贴之差与寻租概率之比，小于政府监管收益与寻租概率之比，提供低质量服务（不诚实）受到的惩罚小于提供高、低质量服务成本之差与被曝光概率之比时，养老机构倾向于选择提供低质量服务，政府倾向于选择积极监管。尽管政府选择监管，但是由于养老机构寻租成本较低，容易导致政企合谋的现象发生。

情况③：当 $M_g < C_g - \mu B_g$，$W < \dfrac{C_2 - C_1 - (1-2\beta)B_1 - E}{\beta}$，$W < \dfrac{C_g - M_g - \mu B_g}{\beta}$，$B_1 > \dfrac{C_2 - C_1 - \mu E}{\mu}$ 时，动态系统的演化稳定策略（ESS）为(1, 0)，如表 5.5 所列。

表 5.5　情况③均衡点的稳定性分析

均衡点	tr$\boldsymbol{J}$	det$\boldsymbol{J}$	稳定性
(0, 0)	不确定	—	鞍点
(0, 1)	不确定	—	鞍点
(1, 0)	—	+	ESS
(1, 1)	+	+	不稳定点
(x^*, y^*)	0	不确定	鞍点

当政府部门的监管收益不足以弥补监管成本与消极监管被举报受罚之差，养老机构愿意支付的寻租成本比较低，且养老机构提供低质量服务（不诚实）受到的惩罚大于提供高、低质量服务成本及补贴之差与被曝光概率之比时，由于惩罚力度较大，惩罚措施具有较强的震慑作用，政府倾向于选择消极监管，养老机构倾向于选择提供高质量服务，因此提高惩罚力度可以增加养老服务市场供给的有效性。

情况④：当 $M_g > C_g - \mu B_g$，$W < \dfrac{C_2 - C_1 - (1-2\beta)B_1 - E}{\beta}$，$B_1 > \dfrac{C_2 - C_1 - \mu E}{\mu}$ 时，动态系统的演化稳定策略（ESS）为(1, 1)，如表 5.6 所列。

表 5.6　情况④均衡点的稳定性分析

均衡点	tr$\boldsymbol{J}$	det$\boldsymbol{J}$	稳定性
(0，0)	+	+	不稳定点
(0，1)	不确定	—	鞍点
(1，0)	不确定	—	鞍点
(1，1)	—	+	ESS
(x^*，y^*)	0	不确定	鞍点

当政府部门的监管收益大于监管成本与消极监管被举报受罚之差，养老机构愿意支付的寻租成本比较低，且养老机构提供低质量服务（不诚实）受到的惩罚大于提供高、低质量服务成本及补贴之差与被曝光概率之比时，由于惩罚力度较大，惩罚措施具有较强的震慑作用，养老机构倾向于选择提供高质量服务；而政府部门由于监管收益较大，其倾向于选择积极监管。这种情况下，政府的监管资源优势得到充分发挥，养老服务市场的供给效率得以提高。

5.3　考虑声誉机制的质量监管演化博弈模型及策略稳定性分析

5.3.1　模型假设

由于国内养老机构的市场规模较大，市场供给主体较为分散，导致政府监管成本较高，而声誉机制较好地解决了这一难题。声誉机制可以在很大范围内发挥作用，并对服务供给质量产生积极影响，这在一定程度上甚至是养老服务有效供给的先决条件。养老服务行业的特殊性决定了政府对养老机构的监管是一个长期博弈的过程[224]，博弈双方（尤其是养老机构）形成适应性预期，养老机构的声誉收益在一定程度上取决于过去的行为决策，政府可以根据养老机构的声誉状况决定是否继续合作和给予补贴[192]，对养老机构的未来预期收益产生影响，进而对养老机构的机会主义行为产生约束[225]。事实上，获得财政补贴的养老机构的服务质量和声誉水平往往较高。声誉机制对养老服务质量监管策略的影响是本节重点研究的内容。

在政府与养老机构演化博弈的过程中，政府和养老机构分别根据对方的行为策略来调整自身的策略选择，从而形成一种动态演化博弈均衡。在已往的研究中，学者主要从静态视角描述各博弈方的策略选择，而较少从动态视角研究各方主体演化博弈关系；另外，学者在质量监管演化博弈分析中较少考虑声誉机制对均衡结果的影响。因此，本节通过引入声誉机制来构建政府和养老机构服务质量监管的动态演化博弈模型，分析各博弈方质量监管的均衡策略选择。

在养老服务市场中，由于市场信息不对称以及服务质量标准的专业性，政府部门在对服务质量进行监管时，往往要投入大量的人力和物力。根据上述分析，当政府部门的监管收益不足以弥补监管成本与消极监管被举报受罚之差［即 $M_g < (C_g - \mu B_g)$］时，监管部门会选择消极监管策略或与养老机构寻租合谋。针对这种情况，本节通过引入声誉机制来对养老机构的行为策略选择进行正向引导，同时，政府也可以将养老机构的声誉水平作为决定未来是否与其继续合作的重要影响因素，从而增加养老机构供给高质量养老服务的可能性，并形成声誉机制下新的演化博弈关系。

假设 7：当养老机构持续提供高质量养老服务时，会在社会公众和养老服务市场中均产生较高的社会声誉。而较高的社会声誉可以提高社会对养老机构的服务需求，此外，政府也会对高声誉机构加大财政补贴力度及增加未来的合作机会。因此，较高的社会声誉会转化为声誉收益 U_1。相反，若养老机构降低养老服务质量，会导致其在社会公众和市场中的社会声誉降低，政府财政补贴下降，该机构服务的市场需求减少，进而产生声誉损失 U_2。将养老机构不同策略下的声誉水平转化为收益 $M' = \theta U_i$，$i = 1, 2$，其中 θ 为声誉收益转化系数，且 $\theta \geqslant 0$。

5.3.2 模型建立

根据假设 7，可得到引入声誉机制后，政府监管部门和养老机构的博弈收益矩阵，如表 5.7 所列。

表 5.7 考虑声誉机制时演化博弈收益矩阵

养老机构	政府监管部门	
	积极监管(y)	消极监管($1-y$)
诚实(x)	$M_2 - C_2 + E + \theta U_1$，$M_g - C_g$	$M_2 - C_2 + E + \theta U_1$，$M_g$
不诚实($1-x$)	$M_2 - C_1 + \beta(W - B_1) - (1-\beta)B_1 - \theta U_2$，$M_g - C_g + \beta W$	$M_2 - C_1 + (1-\mu)E - \mu B_1 - \mu\theta U_2$，$-\mu B_g$

基于上述博弈矩阵，养老机构持续提供高质量养老服务（诚实）的期望收益为

$$E_1^1 = y(M_2 - C_2 + E + \theta U_1) + (1-y)(M_2 - C_2 + E + \theta U_1) = M_2 - C_2 + E + \theta U_1 \tag{5.12}$$

养老机构提供低质量养老服务(不诚实)的期望收益为

$$E_1^2 = y[M_2 - C_1 - \beta(W - B_1) - (1-\beta)B_1 - \theta U_1] + (1-y)[M_2 - C_1 + (1-\mu)E - \mu B_1 - \mu\theta U_2] \tag{5.13}$$

养老机构的平均收益见式(5.3),养老机构的复制动态方程为

$$F(x, y) = \frac{dx}{dt} = x(E_1^1 - \bar{E}_1) = x(1-x)\{C_1 - C_2 + \mu E + \mu B_1 + \theta U_1 + \mu\theta U_2 - y[\mu B_1 + \beta(B_1 - W) - (1-\mu)E - (1-\beta)B_1 - (1-\mu)\theta U_2]\} \tag{5.14}$$

同理,政府选择积极监管的期望收益 E_2^1、消极监管的期望收益 E_2^2 及监管的平均收益 $\bar{E}_2$ 见式(5.5)—式(5.7)。政府的复制动态方程见式(5.8)。

根据式(5.14)和式(5.8)可以得到一个二维动力系统:

$$\left.\begin{aligned} \frac{dx}{dt} &= x(E_1^1 - \bar{E}_1) = x(1-x)\{C_1 - C_2 + \mu E + \mu B_1 + \theta U_1 + \mu\theta U_2 - y[\mu B_1 + \\ &\qquad \beta(B_1 - W) - (1-\mu)E - (1-\beta)B_1 - (1-\mu)\theta U_2]\} \\ \frac{dy}{dt} &= y(E_2^1 - \bar{E}_2) = y(1-y)[M_g - C_g + \beta W + \mu B_g - x(M_g + \beta W + \mu B_g)] \end{aligned}\right\} \tag{5.15}$$

令 $\frac{dx}{dt}=0$ 和 $\frac{dy}{dt}=0$,可得到该动态系统的5个局部均衡点为:(0, 0),(0, 1),(1, 0),(1, 1)和 (x^*, y^*),其中 $x^* = \frac{M_g - C_g + \beta W + \mu B_g}{M_g + \beta W + \mu B_g}$,$y^* = \frac{C_1 - C_2 + \mu E + \mu B_1 + \theta U_1 + \mu\theta U_2}{\mu B_1 + \beta(B_1 - W) - (1-\mu)E - (1-\beta)B_1 - (1-\mu)\theta U_2}$。

5.3.3 均衡点及演化策略稳定性分析

该动态系统的雅克比矩阵如式(5.10)所示,其中:

$a_{11} = (1-2x)\{C_1 - C_2 + \mu E + \mu B_1 + \theta U_1 + \mu\theta U_2 - y[\mu B_1 + \beta(B_1 - W) -$

$(1-\mu)E-(1-\beta)B_1-(1-\mu)\theta U_2]\}$

$$a_{12}=-x(1-x)[\mu B_1+\beta(B_1-W)-(1-\mu)E-(1-\beta)B_1-(1-\mu)\theta U_2]$$

$$a_{21}=-y(1-y)(M_g+\beta W+\mu B_g)$$

$$a_{22}=(1-2y)[M_g-C_g+\beta W+\mu B_g-x(M_g+\beta W+\mu B_g)]$$

该雅克比矩阵的行列式和矩阵的迹如式(5.11)所示，其中：

$$\det \boldsymbol{J}=(1-2x)\{C_1-C_2+\mu E+\mu B_1+\theta U_1+\mu\theta U_2-y[\mu B_1+\beta(B_1-W)-(1-\mu)E-(1-\beta)B_1-(1-\mu)\theta U_2]\}(1-2y)[M_g-C_g+\beta W+\mu B_g-x(M_g+\beta W+\mu B_g)]-x(1-x)[\mu B_1+\beta(B_1-W)-(1-\mu)E-(1-\beta)B_1-(1-\mu)\theta U_2]y(1-y)(M_g+\beta W+\mu B_g)$$

$$\mathrm{tr}\boldsymbol{J}=(1-2x)\{C_1-C_2+\mu E+\mu B_1+\theta U_1+\mu\theta U_2-y[\mu B_1+\beta(B_1-W)-(1-\mu)E-(1-\beta)B_1-(1-\mu)\theta U_2]\}+(1-2y)[M_g-C_g+\beta W+\mu B_g-x(M_g+\beta W+\mu B_g)]$$

当复制动态方程的均衡点是演化稳定点时，需同时满足：$\det \boldsymbol{J}>0$ 和 $\mathrm{tr}\boldsymbol{J}<0$。

情况①：当 $M_g<C_g-\mu B_g$，$W<\dfrac{C_g-M_g-\mu B_g}{\beta}$，$\theta<\dfrac{C_2-C_1-\mu E-\mu B_g}{U_1+\mu U_2}$ 或 $M_g<C_g-\mu B_g$，$\theta<\dfrac{C_2-C_1-\mu E-\mu B_g}{U_1+\mu U_2}$，$\dfrac{C_2-C_1-(1-2\beta)B_1}{\beta}<W<\dfrac{C_g-M_g-\mu B_g}{\beta}$ 时，动态系统的演化稳定策略(ESS)为(0, 0)，如表 5.8 所列。

表 5.8　情况①均衡点的稳定性分析

条件	$W<\dfrac{C_g-M_g-\mu B_g}{\beta}$, $\theta<\dfrac{C_2-C_1-\mu E-\mu B_g}{U_1+\mu U_2}$			$\dfrac{C_2-C_1-(1-2\beta)B_1}{\beta}<W<\dfrac{C_g-M_g-\mu B_g}{\beta}$, $\theta<\dfrac{C_2-C_1-\mu E-\mu B_g}{U_1+\mu U_2}$		
均衡点	$\mathrm{tr}\boldsymbol{J}$	$\det\boldsymbol{J}$	稳定性	$\mathrm{tr}\boldsymbol{J}$	$\det\boldsymbol{J}$	稳定性
(0, 0)	−	+	ESS	−	+	ESS
(0, 1)	不确定	−	鞍点	+	+	不稳定点
(1, 0)	不确定	−	鞍点	不确定	−	鞍点

（续表）

条件	$W<\frac{C_g-M_g-\mu B_g}{\beta}$，$\theta<\frac{C_2-C_1-\mu E-\mu B_g}{U_1+\mu U_2}$			$\frac{C_2-C_1-(1-2\beta)B_1}{\beta}<W<\frac{C_g-M_g-\mu B_g}{\beta}$，$\theta<\frac{C_2-C_1-\mu E-\mu B_g}{U_1+\mu U_2}$		
(1, 1)	+	+	不稳定点	不确定	—	鞍点
(x^*, y^*)	0	不确定	鞍点	0	不确定	鞍点

当政府部门的监管收益不足以弥补监管成本与消极监管被举报受罚之差，养老机构愿意支付的寻租成本比较低，养老机构声誉收益转化系数较小时，声誉机制在质量监管中所起的作用较为有限，政府监管部门将选择消极监管策略，养老机构将选择提供低质量服务（不诚实）策略。此时，养老服务市场的服务质量保障水平和供给有效性最差，社会总体福利最小。当养老机构声誉收益转化系数较小时，声誉机制无法发挥对养老服务有效供给的正向引导作用。

情况②：当 $M_g<C_g-\mu B_g$，$W>\frac{C_g-M_g-\mu B_g}{\beta}$，$\theta<\frac{C_2-C_1-\mu E-(1-2\beta)B_1-\beta W}{U_1+U_2}$时，动态系统的演化稳定策略（ESS）为（0, 1），如表 5.9 所列。

表 5.9　情况②均衡点的稳定性分析

均衡点	tr $\boldsymbol{J}$	det $\boldsymbol{J}$	稳定性
(0, 0)	不确定	—	鞍点
(0, 1)	—	+	ESS
(1, 0)	不确定	—	鞍点
(1, 1)	+	+	不稳定点
(x^*, y^*)	0	不确定	鞍点

当政府部门的监管收益不足以弥补监管成本与消极监管被举报受罚之差，养老机构愿意支付的寻租成本高于政府监管收益与寻租概率之比，养老机构声誉收益转化系数较小时，政府监管部门将选择积极监管策略，养老机构将选择提供低质量服务（不诚实）策略。

情况③：当 $M_g<C_g-\mu B_g$，$\theta>\frac{C_2-C_1-\mu E-\mu B_g}{U_1+\mu U_2}$，$W<$

$\frac{C_g - M_g - \mu B_g}{\beta}$ 时，动态系统的演化稳定策略(ESS)为(1，0)，如表 5.10 所列。

表 5.10　情况③均衡点的稳定性分析

均衡点	tr $\boldsymbol{J}$	det $\boldsymbol{J}$	稳定性
(0，0)	不确定	—	鞍点
(0，1)	不确定	—	鞍点
(1，0)	—	+	ESS
(1，1)	+	+	不稳定点
(x^*，y^*)	0	不确定	鞍点

当政府部门的监管收益不足以弥补监管成本与消极监管被举报受罚之差，养老机构愿意支付的寻租成本低于政府监管收益与寻租概率之比，养老机构声誉收益转化系数较大时，政府监管部门将选择消极监管策略，养老机构将选择提供高质量服务(诚实)策略。当声誉收益转化系数较大时，声誉机制可以积极引导养老服务机构行为策略的选择，为了获得较高的声誉收益，养老机构会持续提供高质量服务。因此，当政府想要保障养老服务市场整体质量时，应充分发挥声誉机制的作用，制定相应的赏罚措施，加强与社会声誉较高的养老机构的未来合作，加大财政补贴力度，鼓励养老机构参与声誉机制的建设，保障养老服务市场的有效供给。

5.4　养老服务质量监管中“理想状态”仿真分析

假设在养老服务补贴期内，养老机构在 t 时期以概率 $x_t = F(t)$ 选择诚实运营，持续供给高质量服务，政府以概率 $y_t = G(t)$ 对养老服务市场进行积极监管；在 $(t+1)$ 时期，养老机构以概率 $x_{t+1} = F(t+1)$ 选择诚实运营，政府以概率 $x_{t+1} = G(t+1)$ 对养老服务市场进行积极监管[226, 227]。根据拉格朗日中值定理可得到：

$$F(t+1) = \frac{\mathrm{d}F}{\mathrm{d}t}(t+1-t) + F(t) = \frac{\mathrm{d}x}{\mathrm{d}t} + x_t = x_t(1-x_t)\{C_1 - C_2 + \mu E + \mu B_1 + \theta U_1 + \mu\theta U_2 - y[\mu B_1 + \beta(B_1 - W) - (1-\mu)E - (1-\beta)B_1 - (1-\mu)\theta U_2]\} + x_t \tag{5.16}$$

$$G(t+1)=\frac{\mathrm{d}G}{\mathrm{d}t}(t+1-t)+G(t)=\frac{\mathrm{d}y}{\mathrm{d}t}+y_t$$
$$=y_t(1-y_t)[M_g-C_g+\beta W+\mu B_g-x(M_g+\beta W+\mu B_g)]+y_t \tag{5.17}$$

根据情形：$M_g<C_g-\mu B_g$，$\theta>\frac{C_2-C_1-\mu E-\mu B_g}{U_1+\mu U_2}$，$W<\frac{C_g-M_g-\mu B_g}{\beta}$，设定各个参数值：$\mu=0.2$，$U_1=80$，$U_2=70$，$B_1=40$，$C_2=120$，$C_1=40$，$E=30$，$M_g=30$，$C_g=60$，$B_g=30$，$\beta=0.5$。对该情形下的博弈模型进行仿真，通过概率的变化趋势分析在给定时间内各博弈主体的行为策略选择，如图 5.1 所示。

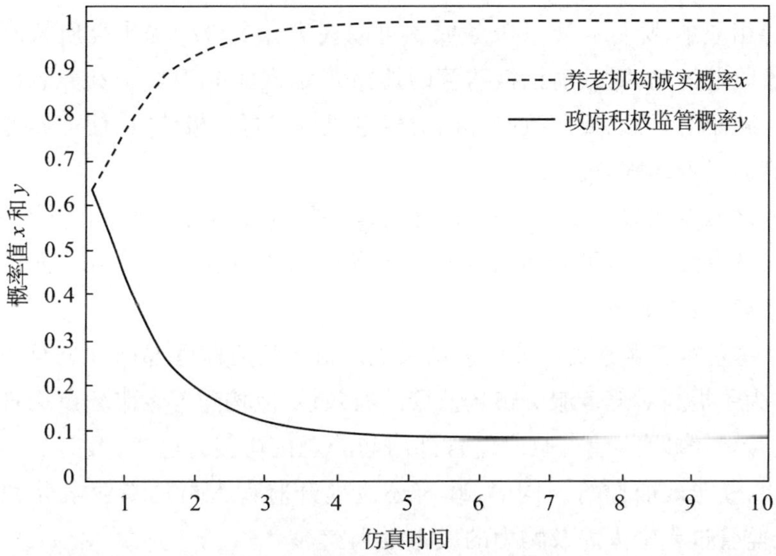

图 5.1　演化博弈“理想状态”仿真

由图 5.1 可以看出，随着演化迭代，政府对养老服务市场质量积极监管的概率趋向于 0，养老机构持续提供高质量服务的概率趋向于 1。在实际监管过程中，当政府部门的监管收益不足以弥补监管成本与消极监管被举报受罚之差，养老机构愿意支付的寻租成本较低，较高的社会声誉收益转化系数可以发挥其正向引导作用时，在这种情形下，政府部门将会选择消极监管，养老机构将会诚实运营，持续提供高质量的养老服务。最终，在财政补贴下，服务市场的有效供给能得到保障，政府部门实现“无为而治”。

5.5 本章小结

本章主要是对养老机构服务质量监管问题做了理论探讨，结合中国当前养老服务市场质量监管的实际情况，在信息不对称及有限理性条件下，将演化博弈方法运用到养老服务市场中，从而建立了政府与养老机构的演化博弈模型，通过引入公众参与、社会声誉、惩罚机制等影响因素，对政府和养老机构的演化均衡策略结果进行分析，并对博弈均衡的“理想结果”进行数值仿真。研究发现，在考虑政府补贴、惩罚等情形下，当声誉收益转化系数较高时，不管政府如何选择监管策略，养老机构都会趋向于持续提供高质量服务。增加声誉收益转化系数和惩罚力度，将有助于减小养老机构不诚实行为发生的概率。提高政府与养老机构合谋寻租成本、降低高质量服务成本可以促进养老机构提供高质量服务。当政府监管收益提高、对政府消极监管的处罚力度增加、监管收益和养老机构寻租概率之比减小时，可以促使政府部门对养老机构进行积极监管，使得养老机构持续提供高质量养老服务。

在养老服务财政补贴下，为了保证财政补贴资源的有效配置，保障养老服务市场的持续有效供给，可分别从政府和养老机构的角度提出具有较强针对性的措施和建议，具体如下：

（1）建立养老服务质量管理信息系统。由于政府监管部门人员及资金等资源有限，为了提高对养老服务市场监管的有效性，应构建养老服务市场管理信息系统，实行电子政务，使得政府监管部门与养老机构实时链接，及时公布监管报告和结果，便于政府监管。同时，政府还应提升监管人员的专业素养和工作效率，降低监管过程中人力及物力的成本投入。

（2）政府应该建立和完善公众参与机制，鼓励公众积极参与到服务监管工作中，建立公众参与的组织部门，激励公众参与养老服务市场的管理和监督，提高质量监管的公众参与度，降低政府监管资源投入，提高市场监管效率。建立公众参与的养老服务监管平台，政府一旦接到公众对养老服务机构的举报信息，就能有针对性地对养老服务市场进行监管，从而大大降低政府监管成本。

（3）制定明确的激励与惩罚制度。对于有不诚实行为的养老机构，制订高额度的罚款，限制其扩大养老服务经营范围和服务内容，并减少业务合作范围及财政补贴力度。对具有诚实行为的养老机构，政府给予一定的奖励，增加业务合作范围，并在下一轮质量抽检中，对其服务质量和服务管理规范实行免检制度，降低对其监管的概率。

（4）建立并完善养老服务的声誉机制。养老服务机构都希望在大众消费者和潜在合作者中建立良好的服务信誉，相较于低质量服务的养老机构，高质量服务的养老机构维持声誉的成本相对较低，获得的声誉收益较高，声誉效应显著。为了保证养老服务的持续有效供给，建立并发挥良好的社会声誉机制，将短期的财政补贴机制与长效的声誉收益机制相结合，增加对声誉良好的养老机构的认可度及信任度，增加其声誉的未来收益；扩大对声誉较差养老机构的监管范围，并降低对其的信任度，根据对养老机构的声誉排名，发放或取消养老服务财政补贴。

第 6 章

基于服务层级选择的财政补贴策略分析

在财政补贴下，政府对养老服务市场的质量监管将有助于进一步缓解养老服务供需结构性矛盾，保障养老服务市场的持续有效供给，促进养老服务市场发展。当然，随着养老服务市场的发展与完善，财政补贴可能会引致新的供需失衡。本章前瞻性地考虑在未来成熟的养老服务市场中，构建政府、机构与老年人之间的三阶段博弈模型，通过调整养老服务财政补贴策略，保障养老服务市场供需的持续动态平衡。

6.1 问题来源

在财政补贴下，政府对养老服务市场的质量监管措施，可以保障养老机构的服务质量和有效供给量的持续增加，并有助于缓解养老服务市场的供需结构性矛盾，保障财政资金的配置效率，加速养老服务市场的健康发展。在养老服务市场发展初期，养老服务财政补贴的作用是鼓励、吸引社会资本进入养老服务行业，并补偿机构养老的服务成本，促进养老服务市场化发展，增加养老服务的市场供给。随着较多的社会资本进入养老服务行业，整个市场的养老服务最低质量基本达到财政补贴质量下限，养老服务市场的有效供给能够满足老年人的服务需求。

另外，随着经济水平的不断提高，2010 年至今，中国居民人均可支配收入稳步上升，截至 2018 年年底，中国城镇居民人均可支配收入为 3.93 万元，比 2010 年翻一番。中国一直是一个高储蓄率的国家，截至 2018 年年底，中国居民存款额达 68.91 万亿元，居民储蓄率在全世界排名第三，高储蓄率和高储蓄总额为养老服务市场化提供了经济条件。从 2010 年开始，社会消费逐渐增加，国民储蓄率由 51.55%逐步降至 2018 年的 44.91%。根据《中国老龄产业发展报告(2014)》，中国老年人口消费市场的需求规模将从 2014 年的 4 万亿元增至 2050 年的 106 万亿元，在国民经济中的占比从 2014 年的不足 10%增至 2050 年的 33%。面对巨大的养老服务消费需求规模，居民消费观念升级已成为时代潮流，各种消费需求满足的即时性也提高了。老年人对高层次、多样化的养老服务需求持续增长，这就对养老服务质量提出了更高的要求。

老龄化带来了消费结构换挡的机会，中国的高储蓄率也为消费需求升级提供了经济支持，生活服务型消费需求的增加带来了“消费结构升级”的转变。就这个意义而言，养老服务可以算得上是一种“消费升级”，也就是说，原本低层级就可以满足的养老服务需求，如今老年人可能会更倾向于选择高层级的养老服务。高层级意味着高质量和高价格，然而健康完善的服务市场一般是呈梭子形的，因此高层级养老服务在养老服务市场中较少。最初，养老服务财政补贴的目的在于降低养老机构的成本风险，减少老年人服务费用的自付比例，提高老年人购买服务的能力。但随着政府持续的补贴政策，老年人对高层级养老服务需求提升，养老服务价格上升引起的老年人自付费用逐渐提高，导致社会养老服务费用没有降低反而逐渐增加，这在一定程度上与政府财政补贴政策的最初目标相违背。因此，在趋于完善的养老服务市场中，持续的财政补贴可能会引致新的供需结构失衡。

“从长远来看，政府如何调整财政补贴策略，才能有效引导老年人服务层级需求，保障养老服务供需结构持续长效平衡，避免养老服务市场出现新的供需失衡和养老服务费用快速增长所带来的社会问题，进而使得养老服务财政支出的社会效用最大化?”这是政府财政未来可能会面临的新的社会养老问题，意味着养老服务体系和财政补贴制度需因时而变。

考虑未来成熟完善的养老服务市场，针对高层级养老机构、低层级养老机构、政府以及老年人四个参与主体构成的养老服务体系，本章分析财政补贴策略对养老服务市场各行为主体的影响。具体来说，系统考虑老年人服务偏好、服务层级和养老服务成本及定价等因素，建立政府、机构和老年人之间的三阶段博弈模型，分析财政补贴对老年人服务层级选择、各层级养老机构服务价格与收益以及社会养老服务总费用和个人自付费用的影响，运用财政补贴政策引导养老服务需求合理分流。合理利用财政补贴的政策杠杆，缩小养老服务市场供给的层级差距，引导并平衡服务市场的层级需求，构建完善的养老服务体系，为政府保障养老服务市场供需结构的动态平衡提供理论支持和参考。

6.2 模型假设

从长远来看，财政补贴政策能够促进养老服务市场快速发展并趋于完善，使得养老服务市场的有效供需结构达到平衡状态。然而,财政补贴制度并不是一成不变的。持续的财政补贴可能会在成熟完善的服务市场中产生负的政策效应,使得老年人对服务市场的需求结构发生变化,老年群体对高层次服务的市场需求持续增长,从而导致养老服务市场出现新的供需结构失衡。

6.2.1 模型描述

随着养老服务市场逐渐成熟完善,国民可支配收入水平的提高,人们对服务质量需求也会提高。而财政补贴的存在降低了养老服务实际价格,提高了老年人的服务购买能力,使得老年人对养老服务的需求逐渐增加。根据财政补贴和养老服务价格之间的关系,更多的财政补贴和较大的补贴力度会导致养老服务价格上升,进而刺激老年人对财政补贴的需求。Manning 通过兰德公司(Rand corporation)的实验数据分析财政补贴比例上升所造成的影响,认为持续扩大财政补贴范围会导致社会福利损失。在成熟的养老服务市场中,当老年人并不能确定选择哪个养老机构时,财政补贴会导致养老服务市场竞争加剧,而机构为了抢占养老服务市场会过度提高养老服务质量,导致服务成本和价格大幅上升。虽然,财政补贴在一定程度上减轻了老年人的费用负担,但是如果缺乏对养老机构服务质量的有效管理,财政补贴反而会引起服务价格的上升[228]。另外,在趋于完善的养老服务市场中,对高层级养老服务有绝对需求的老年人受财政补贴的影响较小,财政补贴范围和力度的减小并不会减少对高层级养老机构有绝对需求的人数。通常,在一定程度上,养老机构会受到政府的价格管制,因而养老机构的服务质量、服务价格及整体的福利效用都会受到财政补贴的影响[229]。

鉴于此,本章讨论一个由低层级养老机构 1、高层级养老机构 2、老年人和政府四个参与主体构成的服务体系,政府以单位养老服务对养老机构给予财政补贴,养老机构则根据补贴力度来决定服务价格,老年人根据服务效用选择各层级的养老服务。本章研究的问题是:在该养老服务体系中,考虑财政补贴、老年人服务层级偏好、养老服务层级差异、服务成本等因素,构建政府、老年人、养老机构之间的三阶段博弈模型,对各主体间的博弈关系进行推理演绎,分析各因素的变化对结果的影响。

该养老服务体系各参与主体的决策过程是一个三阶段动态博弈过程:

第一阶段:政府确定针对两类养老机构的补贴力度,在有限的财政预算下,以最小化的财政支出使养老机构提供养老服务。

第二阶段:高层级养老机构和低层级养老机构根据财政补贴的力度来选择

各自的服务价格,以实现养老机构收益最大化。

第三阶段:老年人根据不同层级养老机构的服务价格、财政补贴比例以及对不同层级养老机构服务效果的先验判断,选择养老服务机构,实现自身效用最大化。

6.2.2 模型假设

老年人对养老服务的需求主要受自身健康状况和收入水平的影响[230, 231],收入特征因素只能够解释养老服务需求波动的 1%~5%[232, 233],相比而言,老年人健康状况对养老服务需求的影响程度较大[234],养老服务费用可以通过社会养老费用总支出和个人自付总支出来反映。同时,养老服务的层级需求与老年人的经济水平具有显著的相关性,高收入老年人对于高层级服务的需求明显高于低收入老年人。因此,受收入水平、身体状况等因素的影响,老年人对养老服务的层级需求是不同的,对养老服务的偏好也存在差异[235]。

假设 1:在成熟完善的养老服务市场中,只考虑某一种养老服务,且低层级养老机构 1 和高层级养老机构 2 均有能力提供该服务。

假设 2:有社会养老服务需求的老年人数为 N,其中,选择低层级养老机构的人数为 n_1,选择高层级养老机构的人数为 n_2,且 $n_1+n_2=N$。研究表明,相较于靠家庭保障晚年生活的老年人,自身具有支付能力的老年人选择高层级养老服务的可能性更大[236]。

假设 3:经济状况和收入水平是影响养老服务意愿的最关键因素,基于生命周期理论,老年人的消费取决于其收入和个人资产积蓄,保障整个生命余年的持续性消费需求得到满足[237]。老年人对养老服务具有拟线性偏好,其效用函数为

$$U=U(x)+M=\ln x+M \tag{6.1}$$

式中 x——老年人的财富;

M——健康状况。

根据相关文献[238-240],假设 $x_j=y_j-(1-T_i)P_i$,$i=1, 2$,y_j 为老年人 j 的收入,且 y_j 服从均匀分布 $y_j\sim[0,Y]$;健康状况 M 服从均匀分布,$M\in[\underline{M},\overline{M}]$,其中,$\underline{M}$ 为健康状况较差,$\overline{M}$ 为健康状况较佳。

假设 4:在研究老年人的服务层级选择时,需考虑服务价格,或者满足服务需求的便利程度等因素,老年人可能选择不去养老机构,这是老年人对养老服务需求的自选择问题[241]。若老年人选择机构养老,则在选择养老机构之前,老年人对养老服务满意度具有主观的先验区别:老年人在选择养老机构之前就认为

不同服务层级水平的养老服务的效果是不同的，且高层级养老机构的服务效果要好于低层级养老机构[242]。设老年人对两类养老机构服务质量的主观先验判断为α_i，$i=1,2$，老年人在享受服务后的主观先验状态为$M=M(\alpha_i)$，$i=1,2$，且有$\underline{M}<M(\alpha_1)<M(\alpha_2)<\overline{M}$。但是，这只是老年人基于不同层级养老机构的声誉进行的主观先验判断，服务质量是一种顾客感知质量，主观性较强，而不是真实的服务效果比较。

假设5：各层级养老机构的服务价格为p_i（$i=1,2$），养老服务成本为$c_i(i=1,2)$，且养老服务的边际成本不变。高层级养老服务意味着高质量和高成本，因此，$c_2>c_1$，即高层级养老服务成本高于低层级养老服务成本。

假设6：在成熟完善的养老服务市场下，养老机构服务质量均高于补贴质量下限，即财政补贴覆盖率为1。各层级养老机构的财政补贴力度为$T_i(i=1,2)$，且$0\leqslant T_i\leqslant 1$。长远来看，在成熟的养老服务市场中，由于生活质量的提高和持续的财政补贴，会引致市场对高层级养老服务需求较快的增加，而对低层级养老服务需求的减少，为了提升低层级服务的质量和需求量，并降低较高层级服务的市场需求，政府将加大对低层级养老机构的财政补贴力度。相对地，假设政府对低层级养老机构的财政补贴力度为1，即$T_1=1$。根据供需理论，低层级养老服务的价格比较低，假设$p_1=c_1$，即低层级养老机构的财政补贴比例为1，其服务价格等于服务成本。

假设7：选择各层级养老服务机构的老年人数为$n_i(i=1,2)$，$n_1+n_2=N$。政府对各层级养老机构的补贴比例为$T_i(i=1,2)$，且$0\leqslant T_i\leqslant 1$。随着老年人消费购买能力的提升和养老服务市场的逐步完善，政府可以适当减少对养老服务的财政支出，以最小化的财政支出来保障养老服务社会福利的最大化。那么，政府对养老机构服务补贴的总支出F为

$$F=n_1p_1T_1+n_2p_2T_2 \tag{6.2}$$

在中国，养老服务具有准公共产品的属性，养老服务价格由市场供需自主确定，政府在一定程度上对养老服务的市场价格也具有指导作用，例如设定服务的价格上限，包括床位费、单项护理费用等[243, 244]。但是，有些养老机构是在财政补贴和老年人两方收取费用，且两方的计费方式完全不同。这种收费方式在一些高层级养老机构中较为常见，如果以某种养老服务为计费单元，高层级养老机构对其服务仍具有定价权；同时，政府一方面维持基本养老服务的价格费用，另一方面允许将一些专业性较强的服务项目价格设定在平均成本之上，这便导致

了养老机构会以较高的价格提供某些专业性服务以弥补某些低价服务。低层级养老服务设施简单、服务人员专业素质相对较低，政府为了促进养老服务层级水平的提高，就需要大力扶持低层级养老机构。

本章使用的符号及符号说明如表 6.1 所列。

表 6.1　本章中使用的符号及其说明

符号	说明
N	具有养老服务需求的老年人数
n_1	选择低层级养老机构的老年人数
n_2	选择高层级养老机构的老年人数
x	老年人的初始财富
M	老年人的自理能力
U	老年人的效用函数
y_j	老年人 j 的收入
$\underline{M}$	老年人自理能力较弱
$\overline{M}$	老年人自理能力较好
α_i	老年人对养老机构 i 服务质量的主观先验判断
p_i	养老机构 i 的服务价格
c_i	养老机构 i 的服务成本
T_i	政府对养老机构 i 的财政补贴力度
F	养老服务财政补贴总支出

6.3 模型建立

根据以上假设，构建三阶段动态博弈模型，本章运用逆推归纳法求解子博弈纳什均衡。

6.3.1　第三阶段：老年人选择养老机构

在第三阶段，受自身收入水平和健康状况的影响，老年人对养老服务的需求有三种选择：选择不去养老机构、选择低层级养老机构和选择高层级养老机构。设在这三种选择下老年人的效用分别为：U^0，U^1，U^2。老年人对不同层级养老服务的选择目标是使自身效用最大化，依据公式(6.1)，有

(1) 选择不去养老机构的老年人,其效用为

$$U^0=\ln(y_j)+\underline{M} \tag{6.3}$$

(2) 选择低层级养老机构的老年人,其效用为

$$U^1=\ln[y_j-(1-T_1)p_1]+M(\alpha_1) \tag{6.4}$$

(3) 选择高层级养老机构的老年人,其效用为

$$U^2=\ln[y_j-(1-T_2)p_2]+M(\alpha_2) \tag{6.5}$$

1. 选择低层级养老机构的情形

因为$M(\alpha_1)>\underline{M}$,显然有:$U^1=\ln(y_j)+M(\alpha_1)>U^0=\ln(y_j)+\underline{M}$,即选择低层级养老服务的效用高于不去养老机构时的效用,因此,老年人会选择低层级养老机构。

若老年人选择去低层级养老机构而不去高层级养老机构,则其服务效用需满足$U^1\geqslant U^2$,即有:

$$\ln(y_j)+M(\alpha_1)\geqslant\ln[y_j-(1-T_2)p_2]+M(\alpha_2) \tag{6.6}$$

整理后为$\ln(y_j)-\ln[y_j-(1-T_2)p_2]\geqslant M(\alpha_2)-M(\alpha_1)$

令$M(\alpha_2)-M(\alpha_1)=u$,$u>0$,则有:$y_j\leqslant\dfrac{e^u}{e^u-1}(1-T_2)p_2$

令$\lambda=\dfrac{e^u}{e^u-1}$,则当老年人收入水平满足$y_j\leqslant\lambda(1-T_2)p_2$时,选择低层级养老服务的效用要高于选择高层级养老服务的效用,此时选择低层级养老机构的老年人数为

$$n_1=N\cdot P\{y_j\leqslant\lambda(1-T_2)p_2\}=N\cdot\frac{\lambda(1-T_2)p_2}{Y} \tag{6.7}$$

对式(6.7)进行整理,得出高层级养老机构的服务价格为

$$p_2=\frac{n_1Y}{\lambda(1-T_2)N}$$

2. 选择高层级养老机构的情形

若老年人选择高层级养老机构,则其服务效用需满足$U^2>U^1$,即有:

$$\ln[y_j-(1-T_2)p_2]+M(\alpha_2)>\ln[y_j-(1-T_1)p_1]+M(\alpha_1) \tag{6.8}$$

所以，当满足 $y_j > \lambda(1-T_2)p_2$ 时，高层级养老服务的效用要高于低层级养老服务的效用，此时，选择高层级养老机构的老年人数为

$$n_2 = N \cdot P\{y_j > \lambda(1-T_2)p_2\} = N \cdot \left[-\frac{\lambda(1-T_2)p_2}{Y}\right] \tag{6.9}$$

6.3.2　第二阶段：基于收益最大化，养老机构选择服务价格

根据上述假定，政府对低层级养老机构的财政补贴比例设为1，因此本节只需分析高层级养老机构的策略行为。高层级养老机构2的收益函数为

$$\max \pi_2 = n_2(p_2 - c_2) \tag{6.10}$$

将式(6.9)代入式(6.10)得到：

$$\max \pi_2 = -N \cdot \frac{\lambda(1-T_2)}{Y} p_2^2 + N \cdot \frac{\lambda(1-T_2)c_2 + Y}{Y} \cdot p_2 - Nc_2 \tag{6.11}$$

对式(6.11)求关于价格 p_2 的一阶导数，并令其等于0，得到高层级养老机构2的最优服务价格为

$$p_2^* = \frac{Y}{2\lambda(1-T_2)} + \frac{c_2}{2} \tag{6.12}$$

再依据式(6.9)得到选择高层级养老机构2的老年人数为

$$n_2^* = \left[\frac{1}{2} - \frac{\lambda(1-T_2)c_2}{2Y}\right] N \tag{6.13}$$

将式(6.12)代入式(6.7)可得选择低层级养老机构1的老年人数为

$$n_1^* = \left[\frac{1}{2} + \frac{\lambda(1-T_2)c_2}{2Y}\right] N \tag{6.14}$$

6.3.3　第一阶段：政府确定对养老服务的财政补贴比例

根据上述假设，政府对各层级养老机构的财政补贴支出为

$$F = n_1 p_1 T_1 + n_2 p_2 T_2 \tag{6.15}$$

在政府财政资源有限的情况下，政府确定对养老机构的财政补贴比例，以最

小化总财政支出满足养老服务需求。根据上述假设，低层级养老机构的财政补贴力度 $T_1=1$，因此，政府只需确定对高层级养老机构的财政补贴力度 T_2，政府财政补贴策略为

$$\min F = n_1 p_1 T_1 + n_2 p_2 T_2$$

由于以上假定，$p_1=c_1$，$T_1=1$，$0 \leqslant T_2 \leqslant 1$，根据式(6.12)、式(6.13)和式(6.14)，政府财政支出的目标函数为

$$\left.\begin{aligned} &\min F = \left[\frac{1}{2} + \frac{\lambda(1-T_2)c_2}{2Y}\right]Nc_1 + \left[\frac{1}{2} - \frac{\lambda(1-T_2)c_2}{2Y}\right] \\ &\qquad N\left[\frac{c_2}{2} + \frac{Y}{2\lambda(1-T_2)}\right]T_2 \\ &0 \leqslant T_2 \leqslant 1 \end{aligned}\right\} \quad (6.16)$$

根据库恩塔克定理，整理后得到的政府财政支出的目标函数为

$$\min F = \left[\frac{YT_2}{4\lambda(1-T_2)} - \frac{\lambda(T_2 - T_2^2)c_2^2}{4Y}\right]N + \left[\frac{1}{2} + \frac{\lambda(1-T_2)c_2}{2Y}\right]Nc_1$$

且满足 K－T 约束条件梯度如下：

$$\left.\begin{aligned} &\nabla F(T_2) = \left[\frac{Y}{4\lambda(1-T_2)^2} - \frac{\lambda(1-2T_2)c_2^2}{4Y}\right]N - \frac{\lambda c_1 c_2}{2Y}N \\ &\nabla g_1(T_2) = 1 \\ &\nabla g_2(T_2) = -1 \end{aligned}\right\} \quad (6.17)$$

对上述约束条件分别引入广义拉格朗日乘子 γ_1^* 和 γ_2^*，设 K－T 点为 T_2^*，则该问题的 K－T 条件为

$$\left.\begin{aligned} &\left[\frac{Y}{4\lambda(1-T_2)} - \frac{\lambda(1-2T_2)c_2^2}{4Y}\right]N - \frac{\lambda c_1 c_2}{2Y}N - \gamma_1^* + \gamma_2^* = 0 \\ &\gamma_1^* T_2 = 0 \\ &\gamma_2^*(1-T_2) = 0 \\ &\gamma_1^*, \gamma_2^* \geqslant 0 \end{aligned}\right\} \quad (6.18)$$

对上述 K－T 问题按不同情形进行分析：

情形 1：若 $\gamma_1^* \neq 0$，$\gamma_2^* \neq 0$，则式(6.18)无解。

情形 2：若 $\gamma_1^* \neq 0$，$\gamma_2^* = 0$，则有 $T_2^* = 0$，且 $\left[\dfrac{Y}{4\lambda} - \dfrac{\lambda c_2^2}{4Y}\right]N - \dfrac{\lambda c_1 c_2}{2Y}N - \gamma_1^* = 0$。

求解得到：

$$\gamma_1^* = \frac{Y^2 - \lambda^2 c_2^2 - 2\lambda^2 c_1 c_2}{4\lambda Y}N \tag{6.19}$$

经分析，当 $Y^2 \geqslant 3\lambda^2 c_2^2$，即 $Y \geqslant \sqrt{3}\lambda c_2$ 时，有 $Y^2 - \lambda^2 c_2^2 - 2\lambda^2 c_1 c_2 \geqslant Y^2 - 3\lambda^2 c_2^2 \geqslant 0$，此时 $\gamma_1^* \geqslant 0$，满足上述约束条件，故 $k_t^* = 0$ 是 K-T 点。

情形 3：若 $\gamma_1^* = 0$，$\gamma_2^* \neq 0$，则有 $T_2^* = 1$，γ_2^* 无解。

情形 4：若 $\gamma_1^* = 0$，$\gamma_2^* = 0$，则有 $\left[\dfrac{Y}{4\lambda\ (1-T_2)^2} - \dfrac{\lambda(1-2T_2)c_2^2}{4Y}\right]N - \dfrac{\lambda c_1 c_2}{2Y}N = 0$。

对其进行整理得到：

$$2\lambda^2 c_2^2 T_2^3 - \lambda^2 c_2(5c_2 + 2c_1)T_2^2 + 4\lambda^2 c_2(c_2 + c_1)T_2 + Y^2 - \lambda^2 c_2(c_2 + 2c_1) = 0$$

令 $a = 2\lambda^2 c_2^2$，$b = -\lambda^2 c_2(5c_2 + 2c_1)$，$c = 4\lambda^2 c_2(c_2 + c_1)$，$d = Y^2 - \lambda^2 c_2(c_2 + 2c_1)$

则有
$$aT_2^3 + bT_2^2 + cT_2 + d = 0$$

根据盛金定理，令 $A = b^2 - 3ac$，$B = bc - 9ad$，$C = c^2 - 3bd$

则
$$\Delta = B^2 - 4AC$$

$$\begin{aligned}\Delta = &\{18c_2^2\lambda^2[W^2 - c_2(2c_1 + c_2)\lambda^2] + 4c_2^2\lambda^4(c_1 + c_2)(2c_1 + 5c_2)\}^2 + \\ &4\ (2c_1 - c_2)^2\{16c_2^2\lambda^4\ (c_1 + c_2)^2 + \\ &3c_2\lambda^2[W^2 - c_2(2c_1 + c_2)\lambda^2](2c_1 + 5c_2)\}\end{aligned}$$

经过计算分析，$\Delta > 0$ 恒成立，故方程存在一个实数解：

$$T_2^* = \frac{b + (\sqrt[3]{Y_1} + \sqrt[3]{Y_2})}{3a} \tag{6.20}$$

其中，$Y_{1,2} = Ab + \dfrac{3a(-B \pm \sqrt{\Delta})}{2}$。

因为 $\frac{-b}{3a}>1$，$\frac{-(\sqrt[3]{Y_1}+\sqrt[3]{Y_2})}{3a}>0$，所以 $T_2^*>1$，此时不满足题设条件 $0\leqslant T_2\leqslant 1$，目标函数无最优解。

6.4 模型结果分析

6.4.1 博弈均衡解分析

由上述博弈模型推理结果可知，在满足条件 $Y\geqslant\sqrt{3}\lambda c_2$ 时，经整理得 $Y\geqslant\frac{\sqrt{3}\mathrm{e}^u}{\mathrm{e}^u-1}c_2$，该博弈模型具有均衡解。此时，$u\geqslant\ln\frac{Y}{Y-\sqrt{3}c_2}$，意味着老年人对各层级养老机构服务的先验判断具有一定程度的差异，才能得到博弈模型的均衡解。另外，$T_2^*=0$ 是库恩塔克条件下的 K－T 点，即此时是非线性规划，式(6.16)具有最优解。将 $T_2^*=0$ 代入式(6.10)、式(6.12)、式(6.13)、式(6.14)和式(6.15)，可得：

高层级养老机构 2 的最优服务价格为

$$p_2^*=\frac{Y}{2\lambda}+\frac{c_2}{2} \tag{6.21}$$

选择低层级养老机构 1 的老年人数为

$$n_1^*=\frac{(Y+\lambda c_2)N}{2Y} \tag{6.22}$$

选择高层级养老机构 2 的老年人数为

$$n_2^*=\frac{(Y-\lambda c_2)N}{2Y} \tag{6.23}$$

政府财政补贴支出为

$$F=n_1p_1=\frac{(Y+\lambda c_2)Nc_1}{2Y} \tag{6.24}$$

高层级养老机构 2 的收益为

$$\pi_2^* = n_2^*(p_2^* - c_2) = \left(\frac{1}{2} - \frac{\lambda c_2}{4Y}\right)N\left(\frac{Y}{2\lambda} - \frac{c_2}{2}\right) \tag{6.25}$$

6.4.2　养老服务费用及服务成本分析

(1) 当政府对高层级养老服务的补贴力度有均衡解时，即 $T_2^* = 0$，此时全社会机构养老的总服务费用为

$$SQ = n_1 p_1 + n_2 p_2 = \left[\frac{1}{2} + \frac{\lambda c_2}{2Y}\right]Nc_1 + \left[\frac{1}{2} - \frac{\lambda c_2}{2Y}\right]N\left(\frac{Y}{2\lambda} + \frac{c_2}{2}\right) \tag{6.26}$$

全社会机构养老的总服务成本为

$$SC = n_1 c_1 + n_2 c_2 = \left[\frac{1}{2} + \frac{\lambda c_2}{2Y}\right]Nc_1 + \left[\frac{1}{2} - \frac{\lambda c_2}{2Y}\right]Nc_2 \tag{6.27}$$

当 $T_2^* = 0$ 时，意味着对于各层级养老机构都能提供的服务，政府只对低层级养老机构进行补贴，通过财政补贴平衡养老服务各层级的需求水平，引导老年人合理选择养老机构，降低低层级养老机构的服务成本并提升其服务质量，进而提升养老服务市场整体层级水平。

(2) 当政府对高层级养老机构的补贴力度不是最优时，取 $T_2 = 0.5 > T_2^* = 0$，可得：

高层级养老机构 2 的最优服务价格为

$$p'_2 = \frac{Y}{2\lambda(1 - T_2)} + \frac{c_2}{2} = \frac{Y}{\lambda} + \frac{c_2}{2} \tag{6.28}$$

选择低层级养老机构 1 的老年人数为

$$n'_1 = \left(\frac{1}{2} + \frac{\lambda c_2}{4Y}\right)N \tag{6.29}$$

选择高层级养老机构 2 的老年人数为

$$n'_2 = \left(\frac{1}{2} - \frac{\lambda c_2}{4Y}\right)N \tag{6.30}$$

将式(6.28)、式(6.29)和式(6.30)代入式(6.11)和式(6.15)，得到补贴力度 $T_2 = 0.5$ 时的政府财政支出为

$$F' = n_1 p_1 T_1 + n_2 p_2 T_2 = \left(\frac{1}{2} + \frac{\lambda c_2}{4Y}\right) N c_1 + \frac{1}{2} \times \left(\frac{1}{2} - \frac{\lambda c_2}{4Y}\right) N \left(\frac{Y}{\lambda} + \frac{c_2}{2}\right) \tag{6.31}$$

高层级养老机构 2 的收益为

$$\pi'_2 = n_2 (p_2 - c_2) = \left(\frac{1}{2} - \frac{\lambda c_2}{4Y}\right) N \left(\frac{Y}{\lambda} - \frac{c_2}{2}\right) \tag{6.32}$$

全社会机构养老的总服务费用为

$$SQ' = n_1 p_1 + n_2 p_2 = \left(\frac{1}{2} + \frac{\lambda c_2}{4Y}\right) N c_1 + \left(\frac{1}{2} - \frac{\lambda c_2}{4Y}\right) N \left(\frac{Y}{\lambda} + \frac{c_2}{2}\right) \tag{6.33}$$

全社会机构养老的总服务成本为

$$SC' = n_1 c_1 + n_2 c_2 = \left(\frac{1}{2} + \frac{\lambda c_2}{4Y}\right) N c_1 + \left(\frac{1}{2} - \frac{\lambda c_2}{4Y}\right) N c_2 \tag{6.34}$$

由此可得，$SC' - SC = \frac{N\lambda c_2}{4Y}(c_2 - c_1) > 0$，$SQ' - SQ = \frac{NY}{4\lambda} + \frac{\lambda c_2^2}{8Y} > 0$，$n'_1 - n_1^* = -\frac{\lambda c_2 N}{4Y} < 0$，$n'_2 - n_2^* = \frac{\lambda c_2 N}{4Y} > 0$。

上式表明，随着政府对高层级养老机构补贴力度 T_2 的变化，选择不同层级服务的人数和服务费用都会发生改变。相较于 $T_2^* = 0$，当政府对高层级养老机构进行补贴（$T_2 = 0.5$）时，对于低层级和高层级养老机构都能提供的服务，选择高层级养老机构的老年人数会增加，选择低层级养老机构的老年人数会减少，从而导致市场中各层级养老服务供需严重失衡。高层级养老机构的服务价格上升，选择高层级服务的老年人的养老负担就会加重，如此整个社会机构养老的总服务费用和总服务成本就会增加。

(3) 机构养老的总服务费用与 T_2 的关系。政府对高层级养老机构财政补贴的最优均衡解为 $T_2^* = 0$，事实上，政府对高层级养老机构的财政补贴力度 T_2 一般不为 0，因此，当政府对高层级养老机构的财政补贴比例为 $T_2 (0 < T_2 < 1)$ 时，可得：

高层级养老机构 2 的最优价格为

$$p_2^* = \frac{Y}{2\lambda(1-T_2)} + \frac{c_2}{2} \tag{6.35}$$

选择高层级养老机构 2 的人数为

$$n_2^* = \left[\frac{1}{2} - \frac{\lambda(1-T_2)c_2}{2Y}\right]N \tag{6.36}$$

选择高层级养老机构 2 的老年人个人自付费用为

$$p_2(1-T_2) = \frac{Y}{2\lambda} + \frac{c_2}{2}(1-T_2) \tag{6.37}$$

因为 $\frac{\partial p_2^*}{\partial T_2} > 0$，$\frac{\partial n_2^*}{\partial T_2} > 0$，所以随着政府对高层级养老服务补贴力度 T_2 的增加，选择高层级养老机构的老年人会增多，高层级服务的价格也会随之增加，老年人选择高层级养老机构将会产生更高的服务费用。

全社会机构养老的总服务费用为

$$SQ = n_1 p_1 + n_2 p_2 = \left[\frac{Y}{4\lambda(1-T_2)} - \frac{\lambda(1-T_2)c_2^2}{4Y}\right]N + \left[\frac{1}{2} + \frac{\lambda(1-T_2)c_2}{2Y}\right]Nc_1$$

$$\frac{\partial SQ}{\partial T_2} = \left[\frac{Y}{4\lambda(1-T_2)^2} + \frac{\lambda c_2^2}{4Y} - \frac{\lambda c_2 c_1}{2Y}\right]N \tag{6.38}$$

由于 $c_2 > c_1$，$Y \geqslant \sqrt{3}\lambda c_2$，

故有：

$$\frac{\partial SQ}{\partial T_2} > \left[\frac{Y}{4\lambda(1-T_2)^2} + \frac{\lambda c_2^2}{4Y} - \frac{\lambda c_2^2}{2Y}\right]N = \frac{Y^2 - \lambda^2(1-T_2)^2 c_2^2}{4\lambda(1-T_2)^2 Y}N > 0$$

随着政府对高层级养老机构财政补贴力度的加大，全社会机构养老的总服务费用会增加，这是由选择高层级养老机构的老年人数增加和高层级服务价格上升所导致的。这也意味着在完善的养老服务市场中，不合理的财政补贴干预措施会加重社会养老负担。

(4) 老年人养老服务自付费用变化情况。政府对高层级养老机构的补贴力度为 $T_2(0 < T_2 < 1)$，因此，除去政府补贴的那部分，剩下的费用仍需要老年人个人承担，选择高层级养老机构 2 的老年人个人自付费用为

$$DQ=p_2(1-T_2)=\frac{Y}{2\lambda}+\frac{c_2}{2}(1-T_2) \tag{6.39}$$

全社会选择高层级养老机构的老年人自付总费用为

$$AQ=n_2p_2(1-T_2)=\left[\frac{Y}{4\lambda}-\frac{\lambda(1-T_2)^2c_2^2}{4Y}\right]N \tag{6.40}$$

由于 $\frac{\partial DQ}{\partial T_2}=-\frac{c_2}{2}<0$，$\frac{\partial AQ}{\partial T_2}=\frac{\lambda c_2^2}{2Y}(1-T_2)\geqslant 0$，所以随着政府对高层级养老机构财政补贴力度的加大，虽然老年人个人自付的养老服务费用降低了，但是选择高层级养老机构的人数和高层级服务价格均上升了，老年人个人承担的总服务费用也随之增加。

同时，根据式(6.38)，对 λ 求一阶导数，整理有：

$$\begin{aligned}\frac{\partial SQ}{\partial\lambda}&=N\left[-\frac{Y}{4\lambda^2(1-T_2)}-\frac{(1-T_2)c_2^2}{4Y}+\frac{(1-T_2)c_1c_2}{2Y}\right]\\&\leqslant N\left[-\frac{Y}{4\lambda^2(1-T_2)}+\frac{(1-T_2)c_2^2}{4Y}\right]\\&\leqslant N\frac{-3\lambda c_2^2+(1-T_2)\lambda^2c_2^2}{4\lambda^2(1-T_2)}<0\end{aligned}$$

由 $\lambda=\frac{e^u}{e^u-1}$，得 $\frac{\partial\lambda}{\partial u}=-\frac{e^u}{(e^u-1)^2}<0$，故有 $\frac{\partial SQ}{\partial u}=\frac{\partial SQ}{\partial\lambda}\cdot\frac{\partial\lambda}{\partial u}>0$

全社会养老机构的服务总费用 SQ 随着 λ 的增大而减小，λ 随着养老机构服务层级差距 u 的减小而增大，由此可知全社会养老机构的服务总费用 SQ 将随着养老服务层级差距 u 的减小而减小。因此，通过提升低层级养老服务的质量可缩小养老服务层级差距，并降低全社会机构养老的服务总费用。

高层级养老服务机构在服务设施、护理人员素养、运营管理等方面具有优势，老年人主观上对高层级和低层级养老机构的服务质量有着不同的先验判断，而这种先验主观判断会影响老年人的决策。降低各层级养老机构的层级差距有利于减少全社会的养老服务费用；降低对高层级养老服务的补贴力度会使高层级服务的个人自付费用增加，老年人服务效用降低，从而降低对高层级服务的需求，引导老年人合理选择养老机构，平衡分散老年人的服务层级需求。

6.5 算例分析

考虑到上述模型计算的复杂性，本节运用 MATLAB(R2014)软件进行数值模拟，拟设计参数变化进行仿真模拟，以直观地反映养老服务水平层级差距、财政补贴力度及服务成本变化对博弈均衡结果的影响，以期为合理引导老年人服务层级需求、保障有效供需结构动态平衡提供理论参考依据。

6.5.1 养老服务层级差距对均衡结果的影响分析

假设在一定的财政补贴水平下，养老机构的服务层级差距表现为老年人对养老服务的先验判断差距，由此分析服务层级差距变化对结果的影响，如图 6.1—图 6.4 所示。参数设置：$Y=7, c_2=5, c_1=3, N=1\ 000, T_2=0.3$。

由图 6.1 可知，随着养老服务层级差距 u 的增加，选择高层级养老机构的人数增加，选择低层级的养老机构的人数减少。当养老服务层级差距较小时，老年人对这两个养老机构的主观服务偏好差异比较小，但高层级服务费用高于低层级服务费用，根据老年人的服务效用，因此选择高层级服务的人数较少。当养老服务层级差距较大时，老年人对两类养老机构的服务偏好差异也会随之增加，会有一部分老年人选择购买高层级养老服务以满足自身的高层级服务需求。但当服务层级差距增加到一定程度时，选择高层级和低层级服务的人数趋于稳定，虽然服务消费结构升级，老年人对高层级服务需求增加，但老年人是理性消费人，

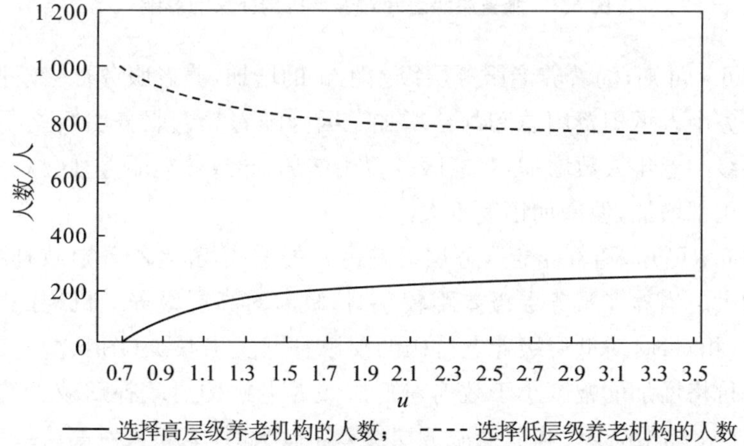

图 6.1　服务层级差距对老年人层级选择的影响

会选择适合自身的养老服务层级,使得自身效用最大化。因此,扩大养老服务层级差距,可以有效引导老年人对养老服务层级的选择。

由图 6.2 可知,随着养老服务层级差距 u 的增加,高层级养老机构获得的财政补贴逐渐增加,低层级养老机构的财政补贴额逐渐下降。在假定的财政补贴力度下,随着养老服务层级差距的增加,选择高层级的老年人会增加,而高层级的养老服务价格较高,单位养老服务得到的政府补贴也较多,因此,在这些因素综合作用下,高层级养老服务财政补贴收益会增加。由于选择低层级养老服务的老年人数减少,低层级养老机构的服务供给量降低,因此所获得的养老服务财政补贴也会下降。基于上述分析可知,对高层级养老机构的财政补贴"挤出"了低层级养老机构的财政补贴,这将不利于养老服务市场的发展。

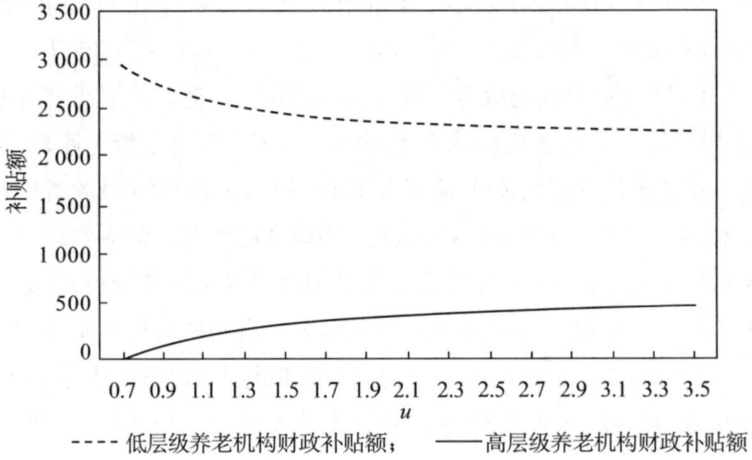

图 6.2 服务层级差距对养老机构补贴的影响

由图 6.3 可知,随着养老服务层级差距 u 的增加,养老服务社会总服务费用和养老服务个人承担费用总和都会增加。因为随着养老服务层级差距的增加,选择高层级的老年人数增加,养老服务费用增加,导致养老服务社会总费用和个人承担费用都增加,但增加幅度不大。

由图 6.4 可知,随着养老服务层级差距 u 的增加,养老服务财政补贴支出先减小后增大。当养老服务层级差距较小时,政府对高层级养老机构的财政补贴支出增加,相对地,对低层级养老机构的财政补贴支出减少(图 6.2)。但高层级养老服务价格增加的幅度小于政府对低层级养老机构财政补贴减少的幅度,因此,财政补贴支出减少。当养老服务层级差距较大时,老年人对高层级服务需求增加,根据供需原理,养老服务价格增加幅度较大,此时,政府对高层级养老服务

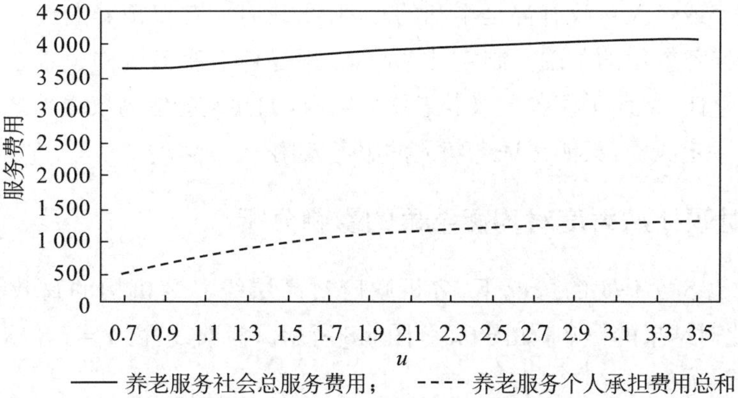

图 6.3　服务层级差距对养老服务费用的影响

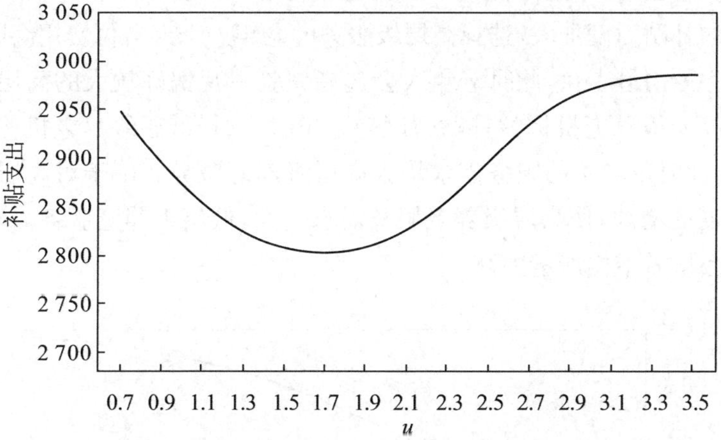

图 6.4　服务层级差距对政府财政补贴支出的影响

财政补贴增加的幅度大于对低层级养老机构补贴减少的幅度，因此，政府财政补贴支出逐渐增加，并随着老年人服务需求的稳定而逐渐趋于某一财政支出水平。

在成熟的养老服务市场中，当养老服务层级差距较小时，选择低层级服务的老年人数较多，低层级养老机构获得的财政补贴也较大，此时，养老机构选择低层级服务供给模式更为有利。随着服务水平层级差距的不断增大，λ 趋近于 1，选择高层级养老机构的老年人数量增加，高层级养老机构的收益和获得的财政补贴也随之增加，此时，养老机构选择高层级服务供给模式更为有利。从政府的角度来看，随着养老服务层级差距的增大，老年人个人自付费用减少，但全社会老年人自付总费用增加，这是由选择高层级养老机构的老年人数增加和高层级养老机构价格上涨导致的。政府财政补贴支出先减小后增大，说明服务水平层级差距过小或过大对政府都是不利的。因此,政府应在权衡养老机构收益与老年人养老服务效用的基础上制定补贴政策,引导养老服务机构设定合理的服务水平层级差距,从而平衡各层级养老服务需求,如此既能使高层级养老机构的经营会获得一定收益,又能保证老年人的服务效用。

6.5.2 财政补贴力度对均衡结果的影响分析

在其他参数不变的情况下,分析政府对高层级养老机构的财政补贴力度 T_2 的变化对结果的影响,如图 6.5—图 6.8 所示。参数设置:$Y=7$,$\lambda=1$,$c_2=5$,$c_1=3$,$N=1\ 000$。

由图 6.5 可知,随着对高层级养老机构补贴力度 T_2 的增加,选择高层级养老机构的人数会增加,选择低层级的养老机构的人数会减少。当政府对高层级养老机构的补贴力度加大,选择高层级服务的老年人个人自付费用会降低,基于老年人服务效用最大化,此时老年人会选择先验主观偏好较大的高层级养老服务。当对高层级养老机构的补贴力度趋于 1 时,选择低层级养老机构的老年人数趋于零,此时市场中的服务需求均为高层级养老服务。由于对高层级养老服务补贴力度的增加,使高层级养老服务需求过大,低层级养老服务需求过小,导致养老服务供需结构严重失衡。

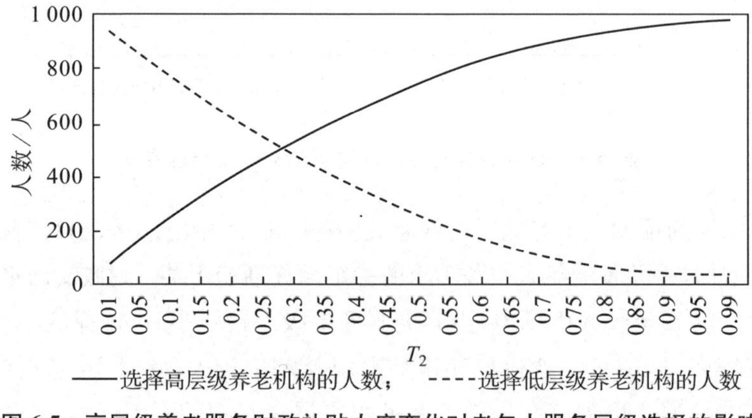

图 6.5 高层级养老服务财政补贴力度变化对老年人服务层级选择的影响

由图 6.6 可知,随着高层级养老服务补贴力度 T_2 的增加,高层级养老机构获得的财政补贴额逐渐增加,低层级养老机构获得的财政补贴额逐渐减少。这是因为当对高层级养老机构加大财政补贴力度时,选择高层级服务的老年人数也随之增加,因此,在这两个因素的双重作用下,高层级养老机构获得的财政补贴额会增加，当财政补贴力度趋于 1 时，所有的老年人都会选择高层级养老服务，此时市场中高层级养老服务供小于求，高层级养老服务价格大幅增加，导致高层级养老机构获得的财政补贴额急剧上升。同时，选择低层级服务的老年人数减少，导致对低层级养老机构的财政补贴逐渐减少。

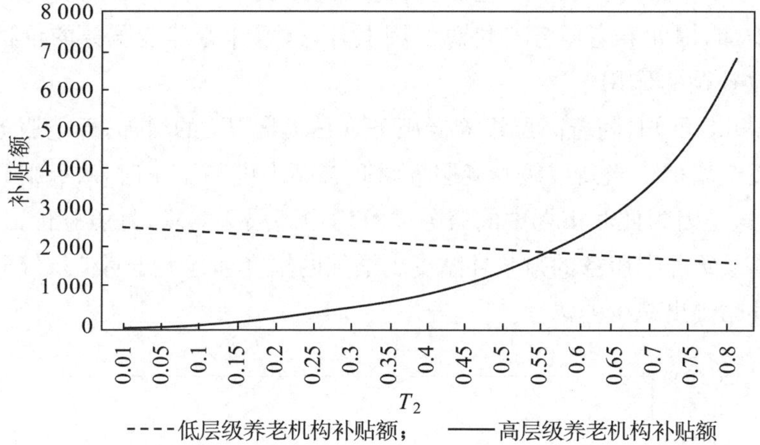

图 6.6　高层级养老服务财政补贴力度变化对养老机构补贴的影响

由图 6.7 可知，随着对高层级养老服务财政补贴力度 T_2 的增加，养老服务社会总费用和养老服务个人承担费用总和都会增加，但养老服务社会总服务费用增加的幅度大于全社会养老服务个人承担费用总和增加的幅度。因为随着对高层级养老服务财政补贴力度的增加，选择高层级养老服务的人数增

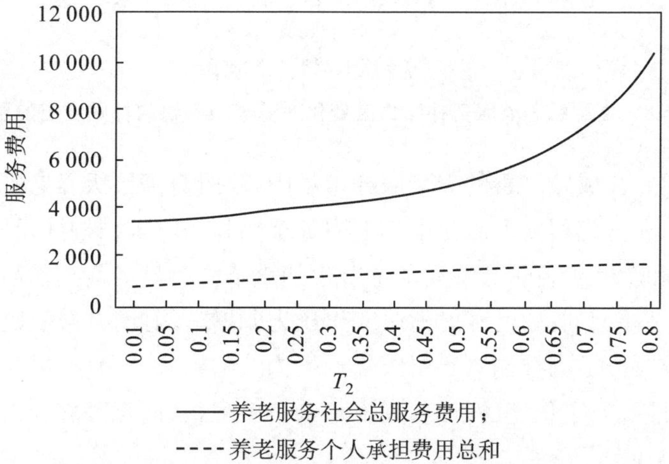

图 6.7　高层级养老服务财政补贴力度变化对养老服务费用的影响

加，而选择低层级养老服务的人数减少，高层级服务价格高于低层级服务价格，使得高层级养老服务费用增加的幅度大于低层级养老服务费用减少的幅度，因此，养老服务社会总服务费用增加。当政府对高层级养老服务的财政补贴力度 T_2 增大时，虽然老年人的个人自付费用比例（自付比例为 $1-T_2$）下降，但供小于求使得高层级养老服务价格上升，由于选择高层级养老机构的老年人数增加，因此养老服务自付总费用上升，这意味着养老服务的价格效应冲销了财政补贴的作用。

由图 6.8 可知，随着高层级养老服务补贴力度 T_2 的增加，养老服务财政补贴支出逐渐增加。当高层级养老服务财政补贴力度趋于 1 时，政府财政支出急剧增加，这是因为此时市场中的服务需求均为高层级需求，且服务价格也较高，所以对高层级养老服务的财政补贴支出增加的幅度远远大于对低层级养老服务的财政补贴支出减少的幅度。

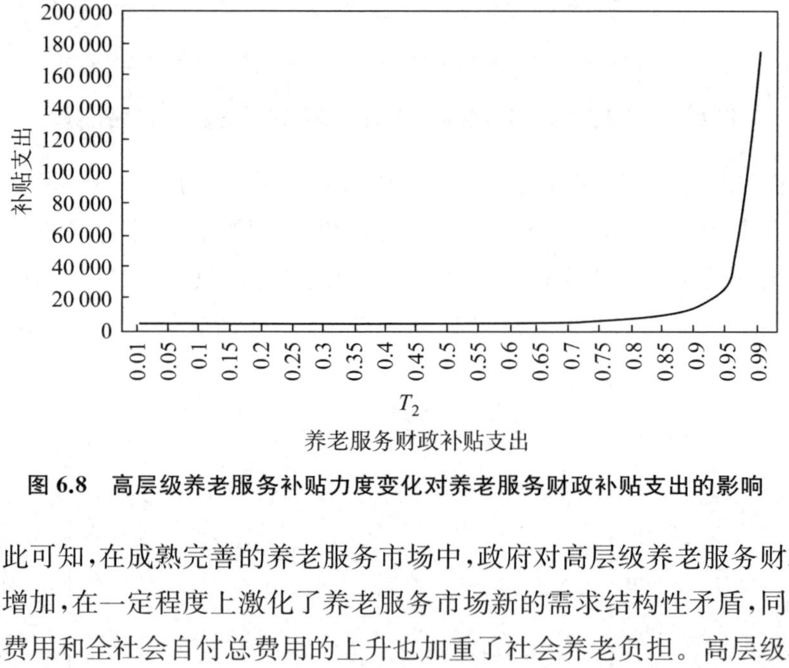

图 6.8　高层级养老服务补贴力度变化对养老服务财政补贴支出的影响

由此可知，在成熟完善的养老服务市场中，政府对高层级养老服务财政补贴力度的增加，在一定程度上激化了养老服务市场新的需求结构性矛盾，同时养老服务总费用和全社会自付总费用的上升也加重了社会养老负担。高层级养老机构财政补贴大幅增加，致使政府财政支出压力剧增。因此，在政府财政补贴有限的情况下，政府应适当控制对高层级养老机构的财政补贴力度，同时对高层级养老服务价格进行一定程度的管制，如规定价格上限，从而保障养老服务市场供需结构的动态平衡。

6.5.3　服务成本变化对均衡结果的影响分析

在其他参数不变的情况下，分析高层级养老机构服务成本 c_2 的变化对均衡结果的影响，如图 6.9—图 6.12 所示。参数设置：$T_2 = 0.3$，$N = 1\ 000$，$\lambda = 1$，$Y = 7$。

由图 6.9 可知，随着高层级养老服务成本 c_2 的增加，服务价格上升，选择高层级服务的老年人数逐渐减少，相对地，选择低层级养老服务的老年人数逐渐增加。基于生命周期理论，老年人的服务消费受收入水平和服务效用的影响，在老年人对各层级养老机构服务的先验判断不变的情况下，其服务效用随着服务价格的上升而减小，价格上升导致老年人的服务效用降低，使得老年人对高层级养老服务的需求减少，对低层级养老服务的需求增加。

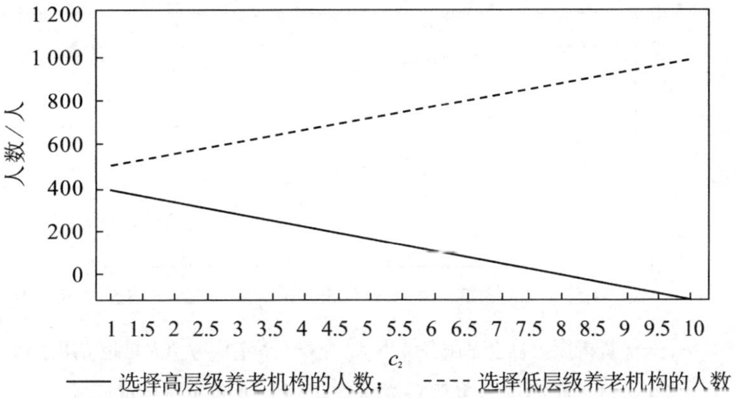

图 6.9　高层级养老服务成本变化对老年人层级的影响

由图 6.10 可知，随着高层级养老服务成本 c_2 的增加，高层级养老机构的财政补贴逐渐减少，低层级养老机构的财政补贴额增加。当高层级养老服务成本增加时，老年人对高层级服务的需求逐渐减少，选择低层级养老服务的人数逐渐增加，低层级养老机构获得的财政补贴逐渐增加。在政府财政补贴力度不变的情况下，当市场对高层级养老服务需求减少的幅度大于价格上涨的幅度时，高层级养老机构获得的财政补贴下降。

由图 6.11 可知，随着高层级养老服务成本 c_2 的增加，养老服务社会总服务费用和养老服务个人承担费用总和都会减少。当高层级养老服务成本增加时，根据服务效用理论，老年人选择高层级服务的服务效用减小，导致对高层级养老服务的需求减少，对低层级养老服务的需求增加，由于低层级服务价格低于高层

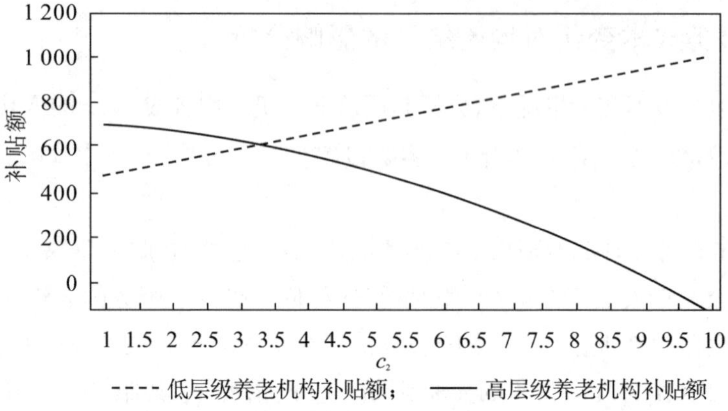

图 6.10　高层级养老服务成本变化对养老机构补贴的影响

级服务价格，因此全社会养老服务总费用和老年人自付费用总和均减少。

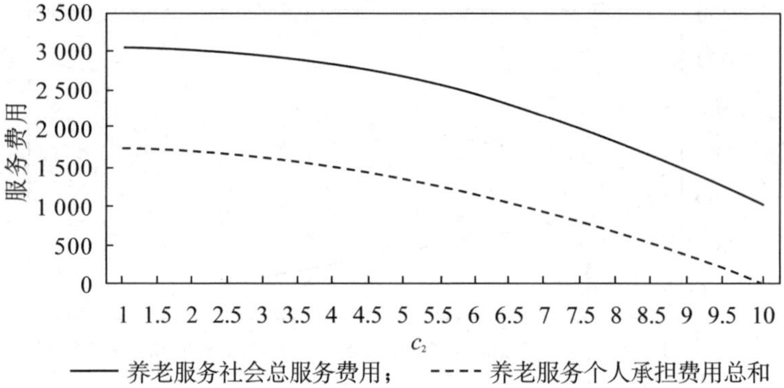

图 6.11　高层级养老服务成本变化对养老服务费用的影响

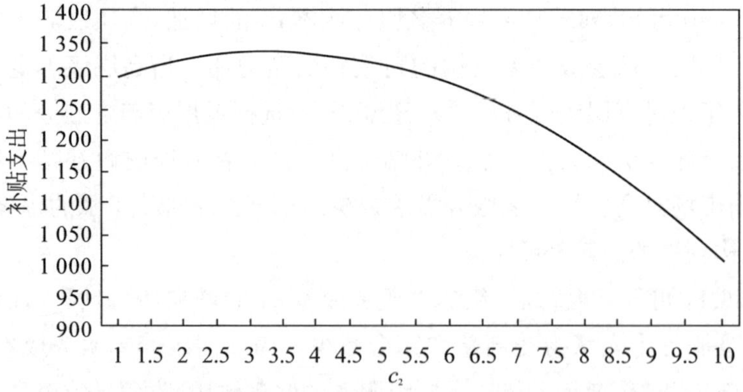

图 6.12　高层级养老服务成本变化对政府财政补贴支出的影响

由图 6.12 可知，随着高层级养老服务成本 c_2 的上升，政府对养老服务财政补贴支出逐渐下降。政府对高层级养老服务的财政补贴下降，对低层级养老服务的财政补贴上升，同时，对高层级服务财政补贴下降的幅度大于低层级服务财政补贴上升的幅度(图 6.10)，这使得政府对养老服务财政补贴总支出呈下降趋势。由此可知，当高层级养老机构服务成本增加，相比低层级养老机构，高层级养老机构的供给优势也将逐渐减弱，甚至当服务成本增加到一定程度时，低层级养老服务供给反而优于高层级养老服务供给。

6.6　本章小结

本章分析了在完善的养老服务市场背景下，养老服务市场各参与方的决策行为。由于高层级养老机构拥有更好的养老服务设施和服务人员，因此能在老年人心目中建立起基于声誉的先验服务质量优势，随着政府对高层级养老机构补贴力度的加大，选择高层级养老机构的人数将会增加，同时，全社会养老服务总费用和老年人的自付总费用也会增加，数值模拟的结果也验证了这一结论。在完善的养老服务市场中，政府对高层级养老机构持续的财政补贴会引致新的供需失衡问题。在我国养老服务市场中，虽然政府可以按一定比例补贴养老机构，但是补贴范围之外的服务费用需要老年人自付。因此，在将来的养老服务制度改革中可以充分利用财政补贴这一重要的政策变量，以此为杠杆来完善现有的养老服务体系。在养老服务市场发展的不同阶段，政府需要制定合理的财政补贴策略，充分运用财政补贴政策来引导老年人服务需求的分流，从而保障养老服务有效供给的持续动态平衡。

养老机构间的服务层级差距会影响到全社会机构养老的总服务费用。根据本章前述分析，对于低层级和高层级养老机构都能提供的服务，基于服务的先验质量，服务层级差距越小，老年人的选择就越集中(选择低层级养老机构的老年人数越多)，容易出现养老服务需求过度和空置率高同时存在的问题。对此，政府应采取措施降低各层级养老服务差异，加强低层级养老机构的竞争性，使老年人更加合理地选择养老机构，提高养老服务市场供给效率，保障养老服务市场供需结构的动态平衡。

从数值模拟的结果来看，财政补贴比例会影响养老服务费用。对于各层级养老机构都能提供的服务，政府要选择合理的财政补贴力度，使得各层级养老机构的补贴力度差距足够大，直至能够引导老年人合理选择服务层级。否则，基于先验服务质量，老年人会选择高层级养老机构，从而引起服务总费用和老年人自付费用的增加，加剧养老服务经济负担。因此，政府应该合理运用财政补贴这一政策杠杆来完善养老服务体系。

在加速推进养老服务市场健康发展的背景下，借助养老服务的差异性收费或财政补贴来分析养老服务供需矛盾和老年人服务层级选择关系，将有助于分散各层级的养老服务需求，保障养老服务市场供需结构持续的动态平衡。另外，养老机构的收费标准应由市场供需情况自主确定，但是由于养老服务属于公益性服务，因此，政府在必要的时候可以进行适当引导，使其更具有竞争性，从而避免财政补贴引起服务价格过度上涨。

第 7 章

结论与展望

7.1 结论

本书在人口老龄化、养老服务市场供需矛盾和财政资源有限的大背景下，从养老服务财政补贴模式、财政补贴质量下限、财政补贴下的质量监管和对养老服务的需求引导等多种政策视角，逐步深入地研究了财政补贴下养老服务市场的供需问题。以政府补贴、市场供给和老年人需求为研究对象，构建了财政补贴下政府与养老机构作为主体的理论模型；通过引入老年人服务偏好、质量补贴下限等因素，分析了财政补贴下养老服务市场供需的演变规律；为了保证财政补贴下养老服务市场供需的持续有效性，考虑公众参与、声誉机制等因素，构建了政府监管与养老服务市场供给的动态演化博弈模型。最后，本书还前瞻性地考虑了在完善的养老服务市场中，财政补贴对养老服务需求的引导分散机制，通过一系列数值仿真模拟得出本书的主要研究结论。在财政补贴背景下，本书不仅从供给方研究了养老服务市场的演变规律，同时，还从消费者角度分析了养老服务需求的变化规律。既为政府制定财政补贴机制及服务质量监管机制提供了理论参考和建议，也为养老服务机构进行管理和制定决策给予了一些指导意见。本书的主要研究结论如下。

(1) 第 3 章根据中国养老服务财政补贴及养老服务市场现状，引入服务替代因子，基于博弈论理论建立了财政补贴下公办养老机构和民办养老机构服务供给的动态决策模型。分析了财政补贴机制的形成及影响机理，提出了财政补贴效应，在基础模型中引入补贴乘数(建设补贴乘数和运营补贴乘数)，通过算例仿真对比分析了财政补贴前后两类养老机构服务供给量的变化，以及建设补贴乘数、运营补贴乘数和替代因子对两类养老机构服务供给量的影响，并得到如下结论:①在财政补贴有限和养老服务市场供给不足的情况下,政府应将财政补贴更多地向市场化养老机构倾斜,以提高养老服务财政补贴效率和养老服务的市场供给量;②在财政补贴下,引入补贴乘数,分析发现建设补贴的乘数效应大于运营补贴的乘数效应,即建设补贴可以更大幅度地激励和引导社会资本进入养老服务行业,增加养老服务的市场供给量;③养老服务的市场供给量与财政补贴力度及差异化服务的相互替代程度有关,为了提高民办养老服务对公办养老服务的替代性,缓解养老市场的供需量矛盾,政府的财政补贴政策就显得尤为重要;④财政补贴模式并不是一成不变的,当机构营利能力较差时,政府可以通过财政补贴的方式来弥补机构的损失。当然,政府应定期评估现行补贴模式的合理性和实用性,必要时调整补贴政策。因此,政府应大力扶持民办养老机构的服务供给,通过建设补贴吸引和激励社会资本进入养老服务行业,通过运营补贴来降低民办机构在服务供给中的管理运营成本,从而大幅增加养老服务的供给量,有效缓解养老服务市场的供需量矛盾。

(2) 第 4 章是在第 3 章研究的基础上研究财政补贴如何缓解养老服务市场供需结构性矛盾的。政府对民办机构的财政补贴可以缓解养老服务供给量矛盾,但养老服务供需的结构性矛盾依然存在。为了提高养老服务市场供给的有效性和财政补贴配置效率,政府设定相应的财政补贴质量下限,并根据养老机构的质量评估结果,对满足财政补贴下限的养老机构提供财政补贴。第 4 章考虑了老年人服务偏好、服务质量和政府补贴质量下限等因素,分析民办养老机构的服务质量差异化,构建了政府与民办养老机构的三阶段博弈模型,通过实例分析来探究各参数变化对均衡结果的影响,得到如下结论:①为避免养老服务市场处于较低质量水平或通过服务作假以谋取财政补贴,政府应综合考虑市场需求和养老机构承受能力等多方面的因素来确定养老服务市场质量准入水平;②当老年人服务偏好较低且高质量养老服务的边际成本较高时,政府应适当降低补贴质量下限,以保证高质量服务的养老机构有利可图,从而产生尽可能大的社会总福利;③当政府提高养老服务财政补贴下限时,提供高质量服务的养老机构应当提升服务质量并降低服务价格,提供低质量服务的养老机构则应保持当前的服务质量并降低服务价格;④政府应在充分考虑老年人服务偏好、服务效用的条件下,制定相应的养老服务财政补贴政策,以寻求养老机构收益与财政补贴配置效率的平衡点。因此,政府可以通过对满足补贴质量下限的民办养老机构进行补贴来提高养老服务市场供给的有效性,缓解供需结构性矛盾,提升财政资源配置效率。

(3) 第 5 章是在第 4 章研究的基础上研究如何通过财政补贴保障养老服务供给有效性的。根据第 4 章的研究结论，政府对评估期满足补贴质量下限的养老机构进行补贴。但是，由于信息不对称和社会资本的逐利性，养老机构存在降低服务质量(不诚实)来减少服务成本的现象，由此导致养老服务供给有效性和财政补贴配置效率降低。第 5 章考虑公众参与、声誉机制等因素，构建政府与养老机构质量监管的动态演化博弈模型，讨论寻租成本、惩罚等因素对政府部门和养老机构的行为选择影响，并对均衡结果的理想情形进行数值仿真，得到如下结论：①考虑政府补贴、公众参与、惩罚机制等因素的共同作用，随着声誉收益转化系数的不断增大，即使政府部门消极监管，养老机构持续提供高质量服务的概率仍逐渐趋向于 1；②提升声誉收益转化系数和对养老机构的惩罚力度可以降低养老机构违规行为发生的概率；同时，增加养老服务财政补贴力度和寻租成本、降低高质量服务成本可以促进养老机构提供高质量服务；③提高政府监管收益和对政府处罚力度、降低监管成本和养老机构寻租概率，可以提高养老机构持续提供高质量服务的概率以及政府部门对养老机构监管的积极性；④建立公众参与制，可以提高公众在服务市场管理和监督中的参与度，可以弥补政府部门监管不足等问题。因此，政府制定相应的监管措施，可以保障在财政补贴下养老服务市场供给的持续有效性，进一步缓解养老服务供需结构性矛盾，提高财政补贴的配置效率。

(4) 从长远来看，随着财政补贴对民办养老机构的引导和激励，养老服务市场会日趋完善，养老服务市场供需将达到平衡状态。然而，在趋于完善的养老服务市场中，财政补贴也有可能会引起负激励效应，使得老年人对养老服务的需求发生改变，引致新的养老服务供需结构性失衡。因此，第 6 章前瞻性地分析了完善的养老服务市场中的服务需求变化，考虑老年人服务层级选择和服务效应，构建三阶段的博弈模型，在财政补贴下，分析养老服务需求变化时，政府如何调整财政补贴策略，以保障养老服务市场的供需动态平衡和社会福利最大化，并通过算例来分析服务层级和服务偏好等因素对养老服务需求及效用的影响，得到结论如下：①在趋于完善的养老服务市场中，随着政府对高层级养老机构补贴力度的加大，高层级养老机构的选择人数将会增加，同时，全社会养老服务总费用和老年人的自付总费用也会增加；②降低各层级养老服务机构间服务水平的差异，提高低层级养老机构的竞争力，可以引导老年人更加合理地选择养老机构，平衡分散养老服务需求，提高养老服务市场供给的有效性；③在将来的养老服务制度改革中可以充分利用财政补贴力度这一重要的政策变量，以此为杠杆来完善现有的养老服务体系；④借助养老服务层级的差异性收费或财政补贴，平衡养老服务均等化要求和养老服务不同层级性需求之间的关系，将有助于避免出现新的供需结构矛盾问题，保障养老服务供需的动态平衡。

7.2 研究展望

本书在对财政补贴下养老服务市场供给问题的研究中，虽然得出了一系列研究结论，但仍有不少问题值得进一步研究，具体如下：

(1) 在对公办和民办养老机构服务供给决策的研究中，本书认为养老机构的服务需求函数是线性的，在以后的研究中，将试着考虑更符合实际的情况，如引入非线性分级定价的需求函数来讨论财政补贴对两类养老机构服务供给的影响。为了简化分析，书中将养老服务供给主体粗略地分为公办养老机构和民办养老机构，而实际上，民办养老机构还可以细分为不同的种类。目前，本书只研究了两种养老机构的供给问题，然而研究多种不同类型养老机构的财政补贴和服务供给决策可能会更具有实际应用价值。

(2) 在对养老服务质量和财政补贴质量下限的研究中，为了便于分析，书中假设老年人服务偏好是线性随机均匀分布的，只考虑了老年人对某一种养老服务的需求。而实际上，老年人对养老服务内容的需求是多样化的，老年人对养老服务的偏好不只是受身体状况和收入水平的影响，还可能受到生活习惯、家庭结构、受教育程度等多方面的影响，也可能服从随机正态分布。因此，在后续研究中，可以考虑在多种服务需求下分析财政补贴和市场供给决策问题。

(3) 在对补贴期内养老服务质量监管的研究中，本书只引入了公正参与、声誉机制和惩罚等因素，来构建政府和养老机构质量监管演化博弈模型。目前，第三方对其他领域的质量监管研究比较成熟，后续研究可以从政府、养老机构和第三方监管的角度来对养老服务市场质量监管进行深入分析。

(4) 本书主要构建了各主体间的博弈分析模型，然而受数据资料的限制，除第4章外，其余核心章节在对模型仿真分析以及收益分配计算的过程中，均采用模拟数据或算例数据展开研究，后续可以利用养老服务市场的真实调研数据资料对此进行深入分析。

参考文献

[1] 翟振武,郑睿臻.人口老龄化与宏观经济关系的探讨[J].人口研究,2016,40(2):75-87.

[2] 朱雅丽,张增鑫.老年人口的健康状况转移与老年照料劳动力需求预测[J].中国人口科学,2019(2):63-74,127.

[3] 翟振武,陈佳鞠,李龙.中国人口老龄化的大趋势、新特点及相应养老政策[J].山东大学学报(哲学社会科学版),2016(3):27-35.

[4] 庄绪荣,张丽萍.失能老人养老状况分析[J].人口学刊,2016,38(3):47-57.

[5] 翟振武,陈佳鞠,李龙.2015—2100年中国人口与老龄化变动趋势[J].人口研究,2017,41(4):60-73.

[6] 姜向群,魏蒙.中国高龄老年人日常生活自理能力及其变化情况分析[J].人口与发展,2015,21(2):92-100.

[7] 景跃军,李涵,李元.中国失能老人数量及其结构的定量预测分析[J].人口学刊,2017,39(6):81-89.

[8] 张文娟,魏蒙.中国老年人的失能水平和时间估计:基于合并数据的分析[J].人口研究,2015,39(5):3-14.

[9] 张丽萍.老年人口居住安排与居住意愿研究[J].人口学刊,2012(6):25-33.

[10] 董晓芳,刘茜.高堂在,不宜远居吗?基于CHARLS数据研究子女居住安排对父母健康的影响[J].中国经济问题,2018(5):38-54.

[11] 风笑天."四二一":概念内涵、问题实质与社会影响[J].社会科学,2015,(11):71-81.

[12] 伍海霞.城市第一代独生子女父母的养老研究[J].人口研究,2018,42(5):30-44.

[13] 田北海,王彩云.城乡老年人社会养老服务需求特征及其影响因素:基于对家庭养老替代机制的分析[J].中国农村观察,2014(4):2-17,95.

[14] 张文娟，魏蒙.城市老年人的机构养老意愿及影响因素研究：以北京市西城区为例[J].人口与经济，2014(6)：22-34.
[15] 杨蓓蕾，万梦娴，赵方杜.流动人口社会融入对其父母家庭养老的影响：基于2013年全国七城市的实证研究[J].西北人口，2017，38(5)：10-18.
[16] 杨菊华.流动时代中的流动世代：老年流动人口的多维特征分析[J].人口学刊，2018，40(4)：43-58.
[17] 宋健，范文婷.中国城市家庭的代际情感交流：基于独生子女生命历程视角的实证分析[J].南方人口，2016，31(2)：26-35，80.
[18] 李建新，李嘉羽.城市空巢老人生活质量研究[J].人口学刊，2012(3)：31-41.
[19] 赵丽琴，韩赞勇.人口老龄化背景下中国经济发展问题研究[J].经济问题，2015(10)：40-44.
[20] 徐宏，商倩.中国养老服务资金缺口测算及PPP破解路径研究[J].宏观经济研究，2019(2)：161-175.
[21] 辜胜阻，方浪，曹冬梅.发展养老服务业应对人口老龄化的战略思考[J].经济纵横，2015(9)：1-7.
[22] 徐俊，朱宝生.养老机构床位使用率及其影响因素研究：以北京市为例[J].人口与经济，2019(3)：115-126.
[23] 蔡秋宇，陈昕.推动我国养老资源供给侧改革的财税政策研究[J].经济研究参考，2016(41)：25-30.
[24] 朱凤梅.民办养老机构“低入住率”的原因分析：来自市、县两级的证据[J].人口学刊，2019，41(1)：89-100.
[25] 辜胜阻，吴华君，曹冬梅.构建科学合理养老服务体系的战略思考与建议[J].人口研究，2017，41(1)：3-14.
[26] 陈庆云.公共政策分析[M].北京：中国经济出版社，1996.
[27] 马岚.改革开放四十年中国社会化养老服务的政策演进和发展趋势[J].重庆社会科学，2018(12)：16-26.
[28] 张艳芳.促进养老服务供求均衡的中国政府购买养老服务政策研究[J].西北人口，2016，37(1)：87-93，98.
[29] 亚当·斯密.国富论(上)[M]，杨敬年，译.西安：陕西人民出版社，2001.
[30] 外国经济学说研究会.现代国外经济学论文选[M].北京：商务印书馆出版社，1997.

[31] 蒋自强,当代西方经济学流派[M].复旦大学出版社,1996.
[32] 张任之,戚聿东.中国供给侧结构性改革研究述评[J].首都经济贸易大学学报,2017,19(6):86-94.
[33] 贾康,苏京春.探析"供给侧"经济学派所经历的两轮"否定之否定":对"供给侧"学派的评价、学理启示及立足于中国的研讨展望[J].财政研究,2014(8):2-16.
[34] 方福前.寻找供给侧结构性改革的理论源头[J].中国社会科学,2017(7):49-69,205.
[35] 刘伟.经济新常态与供给侧结构性改革[J].管理世界, 2016 (7):1-9.
[36] 胡鞍钢,周绍杰,任皓.供给侧结构性改革:适应和引领中国经济新常态[J].清华大学学报(哲学社会科学版),2016(2):17-22.
[37] 贾康,苏京春.论供给侧改革[J].管理世界, 2016(3):1-24.
[38] 方福前.中国经济正在进行的五个转换[J].人民论坛,2015(35):13-15.
[39] 杨伟民.适应引领经济发展新常态着力加强供给侧结构性改革[J].宏观经济管理, 2016(1):4-6.
[40] 马建堂.供给侧结构性改革的意义与途径[N].人民日报, 2016.06.24.
[41] 厉以宁.持续推进供给侧结构性改革[J].中国流通经济, 2017(1):3-8.
[42] 郭克莎.防范通货紧缩及通缩预期对经济增长的影响[J].财贸经济,2016(2):20-27.
[43] 陈小亮, 陈彦斌.供给侧结构性改革与总需求管理的关系探析[J].中国高校社会科学, 2016(3):67-78.
[44] 洪银兴.准确认识供给侧结构性改革的目标和任务[J].中国工业经济,2016(6):15-21.
[45] 丁任重, 李标.供给侧结构性改革的马克思主义政治经济学分析[J].中国经济问题, 2017(1):3-10.
[46] 黄群慧.论中国工业的供给侧结构性改革[J].中国工业经济, 2016(9):5-23.
[47] 汪连杰."一带一路"、供需双侧改革与养老产业"走出去"战略研究[J].当代经济管理,2018,40(7):54-61.
[48] 刘宇,唐亚阳.农村养老服务供给困境与出路:基于供给侧结构性改革视角[J].当代经济研究,2018(6):80-86.
[49] 杨宜勇,关博.老龄化背景下推进养老保障供给侧结构性改革的思路[J].经

济学家,2017(3):97-104.
[50] 林宝.养老服务供给侧改革:重点任务与改革思路[J].北京工业大学学报(社会科学版),2017,17(6):11-16.
[51] 李璐.推动养老服务供给侧改革 发展老年健康医疗服务产业[J].宏观经济管理,2016(7):49-51,56.
[52] 郑碧强.以供给侧结构性改革 推动养老事业高质量发展[J].中国行政管理,2019(4):17-18.
[53] 廖建江,胡振华.财政视角下养老服务业供给侧结构性改革思考:以湖南为例[J].湖南大学学报(社会科学版),2017,31(4):90-94.
[54] AGGARWAL R, KRYSCYNSKI D, SINGH H. Evaluating venture technical competence in venture capitalist investment decisions [J]. Management Science, 2015,61(11):2685-2706.
[55] 李悦,熊德华,张峥,等.中国上市公司如何制定投资决策[J].世界经济,2009,32(2):66-76.
[56] 段雨晨,赵峰.卡莱茨基经济理论对中国供给侧结构性改革的启示[J].当代经济研究,2019(4):38-44.
[57] 蒋冠宏.不确定性、企业出口与直接投资的选择:来自中国企业的理论和证据[J].世界经济研究,2019(4):29-46,134.
[58] 何寿奎.社会资本参与医养结合项目面临的问题与治理路径研究[J].当代经济管理,2018,40(11):53-59.
[59] 张惠琴,王金春,陶虹琳.基于前景理论的 PPP 项目投资者决策行为研究[J].软科学,2018,32(8):129-133.
[60] 党兴华,董建卫,吴红超.风险投资机构的网络位置与成功退出:来自中国风险投资业的经验证据[J].南开管理评论, 2011(2):82-91,101.
[61] 穆光宗.老龄人口的精神赡养问题[J].中国人民大学学报,2004(4):124-129.
[62] 胡爱敏.高速老龄化背景下中国养老服务的着力点:以马斯洛需求层次理论为观照[J].中共福建省委党校学报,2012(12):92-97.
[63] 吴江,范炜烽.将适度普惠型社区福利理念引入社区治理的可行路径研究[J].求实,2018(1):60-72,111.
[64] 姚明霞.西方福利标准理论评析[J].政治经济学评论,2016,7(5):183-201.
[65] 武剑,林金忠.经济增长的福利转化效应:中国与世界比较[J].数量经济技

术经济研究，2015，32(8)：3-24.
[66] 马歇尔.经济学原理[M].北京：商务印书馆，2012.
[67] 封进.中国养老保险体系改革的福利经济学分析[J].经济研究，2004(2)：55-63.
[68] 庇古.福利经济学[M].朱泱，张胜记，吴良健，译.北京：商务印书馆，2010.
[69] 徐德云.从规范到实证：论帕累托最优的唯一性与第一、第二福利定理的修正[J].财贸研究，2018，29(12)：28-38，79.
[70] 郑功成.中国社会保障改革与经济发展：回顾与展望[J].中国人民大学学报，2018，32(1)：37-49.
[71] 张祖荣，王国军.农业保险财政补贴效应研究述评[J].江西财经大学学报，2016(4)：66-73.
[72] 张歌.居家养老服务资金的政策效果分析：以上海为例[J].河南大学学报(社会科学版)，2015，55(2)：75-82.
[73] 郑功成.社会保障[M].北京：高等教育出版社，2007.
[74] DANCE P，BROWN R BAMMER G，et al. Needs for residential aged care and other services by the older indigenous population in the ACT and region[J]. National Centre for Epidemiology and Population Health，2000.
[75] 柴效武.养老资源探析[J].人口学刊，2005(2)：26-29.
[76] 钱亚仙.老龄化背景下的社会养老服务体系研究[J].理论探讨，2014(1)：162-165.
[77] 姜向群.改革开放以来中国老年社会保障制度的发展变革及政策思考[J].人口研究，2009，33(2)：20-31.
[78] 柳如眉，柳清瑞.人口老龄化、老年贫困与养老保障：基于德国的数据与经验[J].人口与经济，2016(2)：104-114.
[79] 董红亚.中国社会养老服务体系建设研究[M].背景：中国社会科学出版社，2011.
[80] 有森美木.先進各国の公的年金制度と高齢低所得者対策[J].[日]海外社会保障研究，2007，158：45-59.
[81] 屈群苹，许佃兵.养老服务均等化：基于阿玛蒂亚·森可行能力的理性审视[J].南京社会科学，2018(2)：69-74.
[82] 李贝.引导社会养老保障由“碎片化”走向“系统化”[J].人民论坛，2018(27)：58-59.

[83] 杜鹏,谢立黎.以社会可持续发展战略应对人口老龄化:芬兰老龄政策的经验及启示[J].人口学刊,2013(6):26-33.
[84] 陈友华,苗国.老年贫困与社会救助[J].山东社会科学,2015(7):104-113.
[85] 张静.道德权利视阈下中国农村养老保障伦理研究[J].郑州大学学报(哲学社会科学版),2018,51(5):25-28.
[86] 特劳特·梅耶.德国养老金制度改革:欧洲经验及其对性别平等的启示[J].公共行政评论,2014(6):34-43.
[87] 吴玉韶.中国老龄产业发展报告(2014)[M].北京:社会科学文献出版社,2014.
[88] 张宝文.养老服务业:既是事业,也是产业[N].人民日报,2015.05.13(020).
[89] 桂世勋.应对老龄化的养老服务政策需要理性思考[J].华东师范大学学报(哲学社会科学版),2017,49(4):78-84,163.
[90] Gilroy R. Taking a capabilities approach to evaluating supportive environments for older people[J]. Applied Research in Quality of Life, 2006:9:343-356.
[91] 刘红.中国机构养老需求与供给分析[J].人口与经济,2009(4):59-64,71.
[92] 刘昌平,殷宝明.发展养老产业助推老龄经济[J].学习与实践,2011(05):25-31.
[93] 钱婷婷.中国老年消费产业的研究进展与前瞻[J].当代经济管理,2016,38(10):66-70.
[94] 夏敬.养老服务业为什么要以产业化为取向[J].人民论坛,2019(13):78-79.
[95] 郭正模,魏宇菲.老龄产业的弱质特征与政府对老龄产业的扶持政策探讨[J].天府新论,2014(3):53-58.
[96] 曹立前,尹吉东.供给侧改革下养老服务业发展研究[J].河北大学学报(哲学社会科学版),2018,43(1):105-111.
[97] 张园.供给侧改革下养老服务产业化发展的现实困境与路径构建[J].企业经济,2018,37(10):101-109.
[98] 彭青云.多元主体视角下社区居家养老服务路径探索[J].浙江工商大学学报,2019(3):101-108.
[99] 李长远,张会萍.包容性发展视角下农村养老服务发展的非均衡性及调适[J].现代经济探讨,2018(11):121-126.
[100] 张志元,郑吉友.中国农村失能老人居家养老服务多元供给思考[J].河北

经贸大学学报,2018,39(5):102-108.
[101] 穆光宗.老年发展论:21 世纪成功老龄化战略的基本框架[J].人口研究,2002(6):29-37.
[102] 穆光宗,朱泓霏.中国式养老:城市社区居家养老研究[J].浙江工商大学学报,2019(3):92-100.
[103] PETERS T J, STODDART H, HORROCKS S, et al. Factors associated with variations in older people's use of community-based continence services[J]. Health & Social Care in the Community,2004,12(1):220-246.
[104] 侯东岳.解决老龄服务项目建设资金需求的金融途径[J].大连干部学刊,2013,29(1):49-51.
[105] 童星.发展社区居家养老服务以应对老龄化[J].探索与争鸣,2015(8):69-72.
[106] 刘金英.社区居家养老何以更有为[J].人民论坛,2018(27):62-63.
[107] MORRIS R, ANDERSON D. Personal care services: an identity for social work[J]. Social Service Review. 1975(2):157-174.
[108] JUDGE K. The public purchase of social care: British confirmation of the American experience[J]. Policy and Politics, 1982(4):397-416.
[109] 穆光宗,姚远.探索中国特色的综合解决老龄问题的未来之路:"全国家庭养老与社会化养老服务研讨会"纪要[J].人口与经济,1999(2):58-64,17.
[110] 柴效武.家庭资源配置机制探析[J].浙江学刊,1999(5):49-51.
[111] 穆光宗.中国传统养老方式的变革和展望[J].中国人民大学学报,2000(5):39-44.
[112] 杜荣胜.政府购买公共服务问题和对策研究[J].财政研究,2014(6):29-32.
[113] 程杰.养老保障的劳动供给效应[J].经济研究,2014,49(10):60-73.
[114] 王亚柯,王宾,韩冰洁,等.中国养老保障水平差异研究:基于替代率与相对水平的比较分析[J].管理世界,2013(8):109-117.
[115] COULTON C, ABBIE K. Frost. Use of social and health services by the elderly[J]. Journal of Health and Social Behavior, 1982(4):330-339.
[116] KANE R L, KANE R A. What older people want from long-term care, and how they can get it[J]. Health Affairs, 2001(6):114-27.

[117] 盛见.中国养老产业供需失衡问题及其对策研究[J].中州学刊,2018(11):52-57.
[118] MARTIN K, ANNETTE B, MARGARET P, et al. Building community capital in social care: is there an economic case? [J]. Community Development Journal, 2013(2):179-196.
[119] 章程.新时代养老服务质量机制建设研究[J].人民论坛·学术前沿,2018(22):124-127.
[120] GOUGH O, NURULLAH M. Understanding what drives the purchase decision in pension and investment products[J]. Journal of Financial Services Marketing, 2009(2):152-172.
[121] 刘小川,张艳芳,刘威礼.基于政府职能转变的政府购买服务制度创新研究[J].财政研究,2015(5):97-101.
[122] 倪东生,张艳芳.养老服务供求失衡背景下中国政府购买养老服务政策研究[J].中央财经大学学报,2015(11):3-13
[123] 冯占联,詹合英,关信平,等.中国城市养老机构的兴起:发展与公平问题[J].人口与发展,2012,18(6):16-23.
[124] 付诚,韩佳均.中国养老服务产业化发展的现实困境与改进策略[J].经济纵横,2015(12):26-31.
[125] 廖喜生,李扬萩,李彦章.基于产业链整合理论的智慧养老产业优化路径研究[J].中国软科学,2019(4):50-56.
[126] 青连斌.中国养老服务业发展的现状与展望[J].中共福建省委党校学报,2016(3):75-83.
[127] 王桥.中国养老服务业发展进程、存在的问题及产业化之路[J].湘潭大学学报(哲学社会科学版),2015,39(6):29-32.
[128] 王莉莉.中国城市地区机构养老服务业发展分析[J].人口学刊,2014,36(4):83-92.
[129] 胡雯,陆杰华.机构改革应对老龄化新国情的战略安排[J].南开学报(哲学社会科学版),2018(6):22-30.
[130] 杨燕英.调整财政税收政策推动中国养老服务产业发展[J].宏观经济管理,2013(6):55-56.
[131] 董红亚.中国养老服务补贴制度的源起和发展路径[J].中州学刊,2014(8):82-86.

[132] 陈淑红.养老服务于产业发展[M].长沙:湖南人民出版社,2007:111-121.
[133] 李萌.支持养老服务体系发展的财税政策分析[J].中国财政,2014(4):68-69.
[134] 张丽霞.机构养老遇坎儿,如何助其“成长”[J].人民论坛,2017(9):74-75.
[135] 胡宪.支持中国养老服务业发展的财税政策分析[J].湖南社会科学,2017(4):143-148.
[136] 陈志勇,张薇.中国养老服务市场化中的财政补贴方式及标准测度[J].求索,2017(1):144-148.
[137] 卓锴化.完善养老服务体系建设财政投入机制的思考[J].中国财政,2014(22):50-51.
[138] 甘炜,刘向杰,于凌云.养老服务市场化财政补贴与调整机制研究[J].地方财政研究,2017(11):49-54+62.
[139] DOTY P E. Family care of the elderly: throle of public policy[J]The Milbank Quarterly,1986:34-75.
[140] CAMPBELL J C, IKEGAMI N, GIBSON M J. Lessons from public long-term care insurance in Germany and Japan[J]. Health Affairs, 2010, 29(1):87-95
[141] SHULMAN D, GALANTER R. Reorganizing the nursing home industry: a proposal[J]. The Milbank Memorial Fund Quarterly, 1976, 54(2):129-143.
[142] KANE R L. Finding the right level of posthospital care: “we didn't realize there was any other opinion for him”.[J]. JAMA, 2011,305(3): 284-293.
[143] CHEVREUL K, BERG BRIGHAM K. Financing long-term care for frail elderly in France: the ghost reform[J]. Health Policy, 2013, 111(3):213-220.
[144] NOVY-MARX R, RAUH J D. Linking benefits to investment performance in us public pension systems[J]. Journal of Public Economics, 2014(116):47-61.
[145] 王桂云.多元化社会养老服务体系建设对策研究[J].中国人口·资源与环境,2015,25(12):166-170.
[146] UNDP《促进中国养老服务体系发展的财税政策研究》课题组,靳东升,白

景明，等.促进中国养老服务体系发展的财税政策研究[J].财政研究，2012(4)：10-13.

[147] 郁建兴，金蕾，瞿志远.民办社区养老机构建设及其政府责任：以杭州市上城区为例[J].浙江社会科学，2012(11)：76-83，157.

[148] 于凌云.推进养老机构市场化的财政补贴机制研究[J].财政研究，2015(3)：74-78.

[149] 刘向杰.养老服务机构市场化的政府补贴机制研究[J].技术经济与管理，2015(8)：76-80.

[150] 廖楚晖.政府行为影响城镇居民机构养老意愿的实证研究[J].财政研究，2014(8)：53-55.

[151] 柳键，舒斯亮.政府与民办养老机构互动机理及管理策略研究[J].华东经济管理，2013，27(10)：151-156.

[152] KULM M，NUSCHELER R. Optimal public provision of nursing homes and the role of information[J]. Jounal of Health Economics，2011，30(5)：795-810.

[153] 桑秀丽，李金蔓，肖汉杰，等.基于政府补贴的养老服务供应链资源分配研究[J].经济与管理评论，2016，32(5)：118-122.

[154] 张翔，王佳丽.浙江省公办养老机构养老服务价格管理问题研究[J].中国民政，2015 (15)：29.

[155] GIORGIO D，FILIPPINI M，MASIERO G. Is higher nursing homequality more costly? [J]. The European Journal of HealthEconomics，2015 (17)：1-16.

[156] REICHERT A，STROKA M. Nursing home prices and quality ofcare-evidence from administrative data[J]. Ssrn Electron-ic Journal，2014 (1)：1-8.

[157] FORDER J，ALLAN S. Competition in the English Nursing Homes market[J]. Personal Social Services Unit，2011 (11)：1-29.

[158] BAUER T，STROKA M. Female labour supply and nursing home prices [J]. Health Care Management Science，2013，16 (3)：258-270.

[159] 张智勇，吕嘉欣，石永强.基于奖惩契约的养老服务供应链质量控制协调[J].工业工程，2016，19(5)：58-64.

[160] 宁晟宇，张智勇，赵俊，等.考虑质量风险的养老服务供应链契约研究[J].

物流工程与管理,2014,36(1):133-135,164.

[161] MOTA J,MOREIRA A C. The importance of non-financial determinants on public-private partners in europe[J]. Journal of Management in Engineering, 2015,33(7):1563-1575.

[162] 岳向华,林毓铭.养老PPP服务质量监管三方演化博弈关系研究[J].江西财经大学学报,2019(2):71-80.

[163] 韩喜平,陈茉.中国养老产业PPP项目运作面临的问题及对策[J].经济纵横,2018(4):81-86.

[164] 陈诚诚.长期护理服务领域的公私合作[J].中国社会保障,2016(7):37-39.

[165] 巢小丽,毛寿龙.合作优势、运营方式与规制设计:F省机构养老PPP模式分析[J].理论探讨,2017(3):171-176.

[166] 徐宏,岳乾月.养老服务业PPP发展模式及路径优化[J].财经科学,2018(5):119-132.

[167] XU Yingcheng, GAO Xiaohong. A new information transmission model of product quality and safety based on government intervention[J]. Journal of Computers, 2014,9(11):2629-2634.

[168] 许民利,王俏,欧阳林寒.食品供应链中质量投入的演化博弈分析[J].中国管理科学,2012,20(5):131-141.

[169] 朱立龙,尤建新.非对称信息供应链质量信号传递博弈分析[J].中国管理科学,2011,19(1):109-118.

[170] 付强.创新政府医疗服务质量及安全监管:动因与路径[J].中国行政管理,2018(10):13-16.

[171] 左文明,朱文锋.分享经济下基于SERVQUAL的网约车服务质量管理研究:以滴滴出行和优步为例[J].管理案例研究与评论,2018,11(4):349-367.

[172] 周辉,陈淑凌,崔亚梅.基于演化博弈的旅游市场监管机制研究[J].系统工程学报,2016,31(5):618-624,709.

[173] 焦建玲,陈洁,李兰兰,等.碳减排奖惩机制下地方政府和企业行为演化博弈分析[J].中国管理科学,2017,25(10):140-150.

[174] 徐莹,张雪梅,曹柬.雾霾背景下政府监管与交通企业低碳行为演化博弈[J].系统管理学报,2018,27(3):462-469,477.

[175] ZAATO J., HUDON P A. Governance lessons from public private partnerships: examining two cases in the greater ottawa region.

commonwealth[J]. Journal of Local Governance,2015,16(6):12-30.

[176] TIJHUIS W. Managing public? Private partnerships: dealing with business-culture influence[J]. Built Environment Project&Asset Management, 2015, 5(1):22-34.

[177] PANAYIDES P M, PAROLA F, LAM J S L. The effect of institutional factors on public-private partnership success in ports[J]. Transportation Research Part A Policy and Practice, 2015, 71(12): 110-127.

[178] SABRY M I. Good governance, institutions and performance of public private partnerships[J]. International Journal of Public Sector Management, 2015, 28(7): 566-582.

[179] 张国兴,高晚霞,管欣.基于第三方监督的食品安全监管演化博弈模型[J].系统工报,2015,30(2):153-164.

[180] 于涛,刘长玉.政府与第三方在产品质量监管中的演化博弈分析及仿真研究[J].中国管理科学,2016,24(6):90-96.

[181] 魏芳芳,陈福集.网络虚假信息中政府、企业和公民三者的进化博弈行为分析[J].运筹与管理,2012,21(6):225-230.

[182] 刘长玉,于涛,马英红.基于产品质量监管视角的政府、企业与消费者博弈策略研究[J].中国管理科学,2019,27(4):127-135.

[183] 刘长玉,于涛.绿色产品质量监管的三方博弈关系研究[J].中国人口·资源与环境,2015,25(10):170-176.

[184] 朱立龙,于涛,夏同水.政府-企业间质量监管博弈分析[J].软科学,2013,27(1):47-49,68.

[185] 赵荧梅,郭本海,刘思峰.不完全信息下产品质量监管多方博弈模型[J].中国管理科学,2017,25(2):111-120.

[186] WU Yunna, HUANG Yong,ZHANG Shuo,et al. Quality self-control and co-supervision mechanism of construction agent in public investment project in China[J]. Habitat International,2012,36(4):471-480.

[187] LOTFI Z, SAHRAN S, MUKHTAR M. The relationships between supply chain integration and product quality[J]. Procedia Technology, 2013, 11: 471-478.

[188] 李小莉.考虑声誉的公私合作项目监管演化博弈分析[J].系统工程学报,2017,32(2):199-206.

[189] 李达.高校垃圾分类回收监管机制演化博弈分析[J].中国环境管理,2017,9(5):90-94.

[190] 朱立龙,孙淑慧.消费者反馈机制下食品质量安全监管三方演化博弈及仿真分析[J].重庆大学学报(社会科学版),2019,25(3):94-107.

[191] 谢康,刘意,赵信.媒体参与食品安全社会共治的条件与策略[J].管理评论,2017,29(5):192-204.

[192] GEORGE G, DAHLANDER L, GRAFFIFIN S, et al. Reputation and status: expanding the role of social evaluations in management research[J]. The Academy of Management Journal, 2016, 59(1): 1-13.

[193] 李成,周青.政府声誉介入下的上市公司虚假信息披露博弈分析[J]. 浙江大学学报(人文社会科学版),2009,39(5):94-102.

[194] 郝涛,商倩,李静.PPP 模式下医养结合养老服务有效供给路径研究[J].宏观经济研究,2018(11):44-53.

[195] 董红亚.中国社会养老服务体系的解析和重构[J].社会科学,2012(3):68-75.

[196] 董红亚.非营利组织视角下养老机构管理研究[J].海南大学学报(人文社会科学版),2011,29(1):41-47.

[197] 郝涛,徐宏,岳乾月,等.PPP 模式下养老服务有效供给与实现路径研究[J].经济与管理评论,2017,33(1):119-125.

[198] GHOSH D, SHASH J. A comparative analysis of greening policies across supply chain structure[J]. International Journal of Production Economics, 2012,135(2):568-583.

[199] GAO J, HAN H, HOU L, WANG H. Pricing and Effort Decision in a Closed-loop Supply Chain under Different Channel Power Structures[J]. Journal of Cleaner Production, 2016,112(20):2043-2057.

[200] 许明辉,于刚,张汉勤.具备提供服务的供应链博弈分析[J].管理科学学报,2006(2):18-27.

[201] MAULL R, AMART A, LIANG L. A process model of product service supply chain[J]. Planning and Control, 2013,12(20):1-16.

[202] 但斌,娄云,韩小鹏,等.产品销量影响服务需求的产品服务供应链定价及协调策略[J].系统管理学报,2017,26(2):381-389.

[203] 但斌,唐国锋,宋寒,等.需求不确定下两阶段应用服务供应链市场风险分担机制研究[J].中国管理科学,2010,18(3):45-52.

[204] GEBAUER H, GUSTAFSSON A, WITELL L. Competitive advantage throw service differentiation by manufacturing companies[J]. Journal of Business Research, 2011, 64(12): 1270-1280.

[205] WU G H. Price and Service competition between new and remanufactured products in a two-echelons supply chain [J]. International Journal of Production Economics, 2012, 140(1): 496-507.

[206] 宏观经济研究院课题组."十三五"养老服务体系建设投资问题分析与建议[J].宏观经济管理,2016(3):10-13,18.

[207] 杨宜勇,邢伟,李璐,等.中国养老服务提质增效研究[J].宏观经济研究,2017(9):137-151.

[208] 章晓懿.政府购买养老服务模式研究:基于与民间组织合作的视角[J].中国行政管理,2012(12):48-51.

[209] 柳光强.税收优惠、财政补贴政策的激励效应分析:基于信息不对称理论视角的实证研究[J].管理世界,2016(10):62-71.

[210] 朱庆华,窦一杰.基于政府补贴分析的绿色供应链管理博弈模型[J].管理科学学报,2011,14(6):86-95.

[211] 种晓丽,张金隆,满青珊,等.基于消费者效用的移动服务定价策略研究[J].管理学报,2011,8(12):1823-1830.

[212] 江世英,李随成.考虑产品绿色度的绿色供应链博弈模型及收益共享契约[J].中国管理科学,2015,23(6):169-176.

[213] BERGLAND A, KIRKEVOLD M. Thriving in nursing homes in norway: contributing aspects described by residents [J]. International Journal of Nursing Studies, 2006, 43(6): 681-691.

[214] 章晓懿,刘帮成.社区居家养老服务质量模型研究:以上海市为例[J].中国人口科学,2011(3):83-92,112.

[215] 蔡中华,王一帆,董广巍.城市社区养老服务质量评价:基于粗糙集方法的数据挖掘[J].人口与经济,2016(4):82-90.

[216] 王成,丁社教.政府购买居家养老服务质量评价:多维内涵、指标构建与实例应用[J].人口与经济,2018(4):12-20

[217] IOVIŢĂ D C. Ways of increasing degree of the quality of life in the institutions for elderly people[J]. Procedia-Social and Behavioral Sciences, 2012, 46: 3999-4003.

[218] 韩清颖,孙涛.政府购买公共服务有效性及其影响因素研究:基于153个政府购买公共服务案例的探索[J/OL].公共管理学报,2019(3):62-72,171.

[219] 柳键,舒斯亮.中国养老服务机构绩效影响因素实证分析[J].管理学刊,2013,26(2):58-62.

[220] LI Y, CHI I. Correlates of physician visits among older adults in china: the effects of family support[J]. Journal of Aging &Health, 2011, 23(6): 933-953.

[221] 纪竞垚.家庭照料对老年人机构养老意愿的影响:基于CLASS数据的实证分析[J].调研世界,2019(1):17-22.

[222] 黄敏镁.基于演化博弈的供应链协同产品开发合作机制研究[J].中国管理科学,2010,18(6):155-162.

[223] 王玉燕,李帮义,申亮.两个生产商的逆向供应链演化博弈分析[J].系统工程理论与实践,2008(4):43-49.

[224] 吴元元.信息基础、声誉机制与执法优化:食品安全治理的新视野[J].中国社会科学,2012(6):115-133,207-208.

[225] COLE S, BROWN M. Applying reputation data to enhance investment performance[J]. World Economics, 2014, 15(4), 59-72.

[226] 魏德志,陈福集,郑小雪.基于博弈论的微信虚假信息传播的仿真研究[J].情报科学,2016,34(11):146-149,166.

[227] 宾宁,王鈺.社交网络正面信息传播及仿真研究:基于三方博弈视角[J].现代情报,2017,37(11):58-68.

[228] YIP W, HSIAO W. China's health care reform: a tentative assessment[J]. China Economic Review, 2009,20(1):613-619.

[229] BREKKE K R, SICILIANI L, STRAUME R. Quality competition with profit constraints[J]. Journal of Economic Behavior and Organization, 2012, 32(10):216-232.

[230] VAITHIANATHAN R. Health insurance and imperfect competition in the health care market[J]. Journal of Health Economics,2006,25(6):1193-1202.

[231] LAMERS L M. Health-based risk adjustment: is inpatient and outpatient diagnostic information sufficient? [J]Inquiry. 2001(3):423-431.

[232] LI Congdong, LI Xiaoli, WANG Yu, et al. Evolutionary game analysis of the supervision behavior for public-private partnership projects with public

participation[J]. Mathematical Problems in Engineering, 2016,13(2):1-8.
[233] LUFT H S, DUDLEY R A. Measuring quality in modern managed care[J]. Health Services Research,2003(38):1373-1379.
[234] HERR A. Quality and welfare in a mixed duopoly with regulated prices:the case of a pblic and a private hospital[J]. German Economic Review,2011, 12(4):422-437.
[235] 宋凤轩,丁越,尤扬.基于SERVQUAL模型的城镇社区养老服务质量测评与提升对策[J].经济研究参考,2014(52):34-39.
[236] 顾大男.中国高龄老人就医及时性状况研究[J].人口学刊,2002(3):54-60.
[237] 赵周华,张璞.农村老年人口消费水平和消费结构随年龄变化的特征:基于CHFS数据的实证检验[J].人口与社会,2019,35(2):24-34.
[238] 吕晓玲.消费者行为统计模型分析与案例研究[M].北京:清华大学出版社,2015.
[239] CHINTAGUNTA P K, NAIR H S. Discrete-choice models of consumer demand in marketing[J]. Marketing Science, 2011,30(6):977-996.
[240] SATOMURA T, KIM J, ALLENBY G M. Multiple-constraint Choice Models with Corner and Interior Solutions[J]. Marketing Science, 2011, 30(3):192-210.
[241] 王菲.中国城市老年人消费行为的实证研究[J].人口与发展,2015,21(3):101-112.
[242] 赵娜,方卫华.人口老龄化、养老服务需求与机构养老取向[J].重庆社会科学,2016(5):56-65.
[243] 卢建平,王波,王俊.中国养老服务供给与定价机制研究[J].价格理论与实践,2016(5):97-99.
[244] 唐铁军.关于公用事业价格与公益性服务价格的比较研究[J].价格理论与实践,2018(9):26-29.